备 课

基于教师的专业成长

方贤忠 —— 著

基于备课的专业成长指导书

走出传统重构课堂的工具书

新课程新课堂研究的参考书

华东师范大学出版社
·上海·

图书在版编目(CIP)数据

备课：基于教师的专业成长/方贤忠著. —上海：华东师范
大学出版社，2018
ISBN 978 - 7 - 5675 - 4740 - 7

Ⅰ.①备… Ⅱ.①方… Ⅲ.①备课-教学研究
Ⅳ.①G424.21

中国版本图书馆 CIP 数据核字(2018)第 046455 号

备课：基于教师的专业成长

著　　者　方贤忠
策划编辑　彭呈军
审读编辑　王　奕
责任校对　时东明
装帧设计　刘怡霖

出版发行　华东师范大学出版社
社　　址　上海市中山北路 3663 号　邮编 200062
网　　址　www.ecnupress.com.cn
电　　话　021 - 60821666　行政传真 021 - 62572105
客服电话　021 - 62865537　门市(邮购) 电话 021 - 62869887
地　　址　上海市中山北路 3663 号华东师范大学校内先锋路口
网　　店　http://hdsdcbs.tmall.com

印 刷 者　南通印刷总厂有限公司
开　　本　787×1092　16 开
印　　张　14
字　　数　242 千字
版　　次　2018 年 6 月第 1 版
印　　次　2021 年 7 月第 6 次
书　　号　ISBN 978 - 7 - 5675 - 4740 - 7/G·9091
定　　价　36.00 元

出 版 人　王　焰

序　言

备课是教师职业生涯中永恒的话题。

备课作为教师教学的"基本功"之一,是上好课的前提。教师只有深度备课,才会有精彩的课堂教学。

教师职业是一个持续发展的专业性职业。青年教师获得教师资格证书,仅仅是获得一种"准入证",还需要通过不断学习与探究,提高其专业水平;通过经验的积累、知识的更新及不断反思,自身才能逐步走向成熟。

现今的新课程改革已进入深度发展阶段,课堂教学研究又灌注了包括有效教学、基于核心素养的学科教学等新理念、新思维与新的方式方法。无论是新教师还是老教师,无论是具有怎样教学经历的教师,都要面对自己不太熟悉的新课程和新课堂,因此教师在确立自己的专业意识的同时,需要迅速接纳包括备课新理念在内的构建现代课堂教学新本领;需要所有在岗教师调整专业发展的"步伐",修正自己专业成长的路径与策略。

什么是备课?怎样备课?这些对教师来说是既熟悉又陌生的命题。熟悉,是因为教师每天都在面对这些问题;陌生,是因为如何构建或重构课堂教学是对教师的挑战。

既然教师从事的是一种需要终身学习的专业,而备课又是和教师的专业成长与发展结伴而行的,那么关于备课的研究,就不宜用纯技能的告知和传递方法,必须将备课纳入教师专业成长与发展的途径中去解读与诠释。

基于上述的思考,将本书定名为《备课:基于教师的专业成长》。本书作为教师专业用书,其编写意图与特点有以下几方面:

一是以现代教师专业成长与发展理性思考为主线,紧密结合青年教师入职后,从适应期到成熟期的专业成长轨迹,用备课与课堂教学的系统思维,编排了包括导论编、技能编、策略编、综合编四大部分,全方位深层次论述备课的理论、技能与策略,全面指导不同层次教师基于备课的专业发展。

二是采用与教师课堂教学经历、职业生涯的感受、体验相联系的"职业语言",传播关于备课的陈述性知识与程序性知识,力求包括青年教师在内的在职教师在教学活动中,能读懂、会用,进而用之有效。

三是本书的撰写更是为了呼应教育部印发的中、小、幼教师专业标准和上海市关于进一步规范见习教师培训意见等相关文件的精神,为教学研究部门和师资培训机构提供观念新、理论实在和操作性强的培训教材。

四是本书为了让师资培训者和中小学教师,在学习和研讨中提高学习效果、提升理性感悟和反思力,在每节都增添"学习点"、"启迪点"和"反思点"内容。

本书在构思与撰写中,始终得到华东师范大学出版社编辑的指导与帮助,得到杨浦区和浦东新区若干中小学教师提供教案与案例的帮助,在此表示衷心的感谢。

方贤忠

2018 年 3 月

目　录

导论编

第一章　认识教师角色

作为见习教师走出大学校门踏进中小学校园时,你会发现自己的身份和角色已经发生变化,因为学生都会尊称你为老师。你现在的使命和责任远不止于完成一个学科的教学任务,更不止于备好课和上好课那么简单。也就是说,一个见习教师在学习怎么备课、如何授课的同时,还要对自己的职业特点和多样化的职业角色有充分的认识。

《中华人民共和国教师法》对教师概念做了全面、科学的界定:"教师是履行教育教学职责的专业人员,承担教书育人,培养社会主义事业建设者和接班人、提高民族素质的使命。教师应当忠诚于人民的教育事业。"

这是我国权威性的关于教师的界定,它包含两层含义:一是教师是专业人员,教师职业是专门职业;二是教师是教育者,教师职业是负有神圣使命和社会责任的专业工作者的职业。

1966 年联合国教科文组织和国际劳工组织签署了《关于教师地位的建议书》,书中指出:"应把教育工作视为专门职业,这种职业要求教师经过严格地、持续地学习,获得并保持专门的知识和特别的技术。"

见习教师要"获得并保持专门的知识",应当从充分认识和全面理解教师的身份和角色开始。

第一节　教师角色的多样化

学习点

1. 知道现代教育中,教师在学校应扮演的各种不同的角色形象,并理解进入角色的教育环境与心理状态。

2. 理解教师职业身份与角色背后的教育使命与师德要求。

王老师是一名新教师,任高一(2)班班主任,她的班级常出现这样的场景:

"王老师,有啥吃的?"高一(2)班几个老吃货又来向王老师讨吃的,办公室其他几位老师不由得皱起眉头⋯⋯

张明早自修后不急不慢地走进教室。"张明,你怎么又迟到了?""班长,去告诉王老师啊,哥们不怕。"

"(2)班纪律太乱,没法上课啊,他们总说有咱哥们王老师罩着,不怕。"

(2)班的任课老师不止一次地抱怨着……

以上两段案例是我们的某些新教师与学生关系的现状,把学生拒于千里之外不行,和学生称兄道弟更不可取。那么,中小学教师在学校里应当扮演怎样的身份与角色呢?教师的基本职责是什么?在师生之间的关系处理上,应当保持或树立怎样的形象?这些是每个见习教师应当认识和思考的。

教师职业的最大特点在于职业角色的多样化。

在新课程和新课堂推进过程中,要求教师角色从传统走向现代,从简单走向复杂;从传统的传道、授业、解惑角色走向示范榜样角色;从传统的传授者、管理者走向研究者、促进者。

一、传道者角色

教师是一种以塑造未来新一代人格为特点的职业,教师应从塑造未来一代的健全人格开始育人。

教师肩负着传递社会传统道德、价值观念的使命,"道之所存,师之所存也"(韩愈《师说》)。教师承担着时代和社会赋予的育人使命,教师的道德观、价值观总是代表着社会主导的道德观、价值观,并用这些观念来教育和引导学生。

见习教师在大学时代,接触了当今社会多元化的道德观和价值观,但当走进中小学校园时,就要"德高为师,身正为范"。由于青年教师与学生年龄相近,心理相通的原因,中小学生会有更强的"向师"性。他们不仅希望从青年教师那里学会自己想知道的一切,而且希望自己获得教师的肯定,希望得到教师的重视、鼓励、关怀和热爱。

青年教师作为中小学生的"传道者"具有哥哥、姐姐式的亲近感,这是很大的优势,那么怎样去"传道"呢?"传道"的途径主要有以下两大途径:

1. 在课堂教学中寓"德"于"教"

古往今来,人们都把德育摆在首位。我国著名教育家陶行知曾说:"千学万学学做真人,千教万教教人学真。"新时期的青年教师都有较高的学历、丰富的文化知识和学习技能,理所当然成为青少年学生的文化知识传播者、学习能力的培养者,更应成为他们的引路人和人生成长的楷模。

课堂教学是师生日常接触与交流的主要场所。教师寓"德"于"教"要"润物无声"、"潜移默化"，讲道说德不宜"标签化"、"说教化"，要在明理和体验中，说清讲明现代主流社会的人生观、价值观和道德观。

"身正为范"是课堂寓"德"于"教"的前提与必要条件。青年教师不仅要关爱学生，做学生喜爱的"哥哥、姐姐"式的好老师，做学生榜样和敬重的老师，更重要的是要时刻走近和亲近学生，才能做到寓"德"于"教"，育人无痕。

为了加强课堂德育，教师在备课中不能机械地为"传道、育德"留下时间空白了事，而于知识传授之中外加空洞话语也不可取。要力争在循序渐进中，做到"自然而巧妙"、"水到便渠成"的增知与传道的双丰收。

一位叫陈迎的语文老师的事例值得赞赏。她说："如我们班上前一段时间曾出现了几位学生撒谎的情况，我将语文Ａ版教材四年级上册的第21课《比金钱更重要》这一课提前教授，通过一次次的叩问，搭建起学生与文本对话的桥梁，让学生对诚实守信有所感触。"

寓"德"于"教"，自然要与学科特点及性质相结合，各门学科的知识与思维、学科的形成与发展中，无不渗透着社会、人与自然的密切关系，其中的社会观、自然观以及人地关系观等都是寓"德"于"教"生动的素材。

2. 在实践活动中寓"德"于"教"

强调实践活动，让学生在社会的各种实践活动中认识社会，拓展知识，增进人的社会化进程是新课改的重要方面。课程改革中的基础性课程、拓展性课程和探究性课程这三类课程都赋予中小学教师介入课程建设的使命和任务。可以预见实践环节的寓"德"于"教"，将呈现形式更加多样、内容更加生动活泼和教育效果更加显著的特点。

当今的学校教育中，教师的"传道"远不止于课堂教学活动，比如校园内的各种文化活动，共青团、少先队的团队活动，学校的各种节庆、礼仪和庆典活动等，都是使学生的主体自我教育和教师的指导性的实践体验相结合的育人活动。

3. 在深入学生生活中寓"德"于"教"

在参与学生校园文化活动、社会参观调查，以及社会志愿者活动中，教师的言行对学生的思想、行为和品质都具有潜移默化的影响。对教师的一言一行，学生均喜欢模仿，这种模仿甚至会影响学生一生。

深入学生生活后,教师可以是指导者、引路人,更要倡行师生平等,因此首先要做到严于律己,凡要求学生做到的事,自己要首先做到,要言必信,行必果。

由于中小学生在成长中存在着"成长的烦恼"和人际心理变化的差异,教师应具备一定的心理知识,让自己成为学生心理健康的辅导者与咨询者。

二、授业解惑者角色

韩愈《师说》之"传道、授业、解惑"是三个并列而行的教育综合体。"传道"指解释道义道行;"授业"释义为"传授以学";"解惑"释义为困顿、迷惑,当人面临未知事物时,教师运用自身的知识、技能为学生解开困顿、迷惑。

从当今教师育人的使命和职责上说,教师是社会各类人才的培养者。教育、教学的任务驱使他们运用自己已学的知识与技能,用曾经的学习历程中的经验,在对知识、思维作一番重组改造后,再用教材和各种信息技术以及对学习环境的营造来教育学生,并帮助他们排忧解难,启发他们的智慧,使其形成一定的知识和技能,成为对社会有用的建设者和接班人。

新课程与新课堂的构建中,对教师的"授业解惑"的职能赋予了全新的内涵与外延:学科课程标准和课堂教学的"三维"目标,为教师的教学设定了理性与实践操作的总体方向;教材的结构和形式已经拓展,"也许昨天的孩子,课本是他们的世界;今天的孩子,世界是他们的课本"。青年教师在"授业和解惑"时,应具备怎样的态度与心理?显然,我们除了要有扎实的专业功底基础,还要拓展信息时代中的所知所学,让学生的知识学习变得更加生动活泼,使他们的思维训练和技能获得变得更加精彩。

三、示范者角色

教师是学生学习和模仿的榜样。夸美纽斯曾说过,教师的职务是用自己的榜样教育学生。教师在学科教学中渗透德育内容,以实现知识与态度相统一,体现教学的教育性;同时,更要求教师成为道德规范的示范者,用自身的道德意识、道德情感、道德意志影响学生的发展。苏联著名的教育家苏霍姆林斯基在《给教师的一百条建议》中写道:"你们不仅是教课的老师,也是培养人的教育者,是生活的导师和道德教员。"

作为示范者的教师,在当今价值多元化的社会里,在其内心深处可能有一种撕裂感,这就是现实的冲击与内在原有的道德坚守产生的反差与矛盾。在文化歧异、价值多元,社会道德底线被践踏以及物欲功利价值凸现的社会背景下,要求教师务必以社会责任感和使命感,坚定社会公德,坚守做人基本人格和人品就显得尤为重要。

言传身教是极其重要的一种教育方式。学生成长时有一种模仿心理，而教师无疑是他们最好的模仿对象，也是他们容易模仿的对象。比如，教师在走廊上见到一张废纸便俯身拾起；无意间踩到学生的脚说声"对不起"；得到学生帮助说"谢谢"；送还物品要用双手……这些不值一提的生活小事，都会产生很大的榜样作用。教师要善加利用该榜样作用，在与学生日常相处中应当注意自己的言谈举止、为人处世的态度。对生活要有积极向上的态度，用自己昂扬向上的一面与学生相处和沟通，让学生获得生动、具体的价值观和人生观。

四、教育教学活动的设计者、组织者和管理者

见习教师进入聘用的学校后，也许很快便会担任一个班的班主任，承担若干个班级的学科教学任务。班主任是学校中全面负责一个班学生的思想、学习、生活等工作的教师，是班级的组织者、领导者和教育者，是学校办学思想的贯彻者，是联系班级任课教师和学生团队组织的纽带，是沟通学校、家长和社会的桥梁。

教师的设计者、组织者和管理者的角色还体现在学科教学之中，教师要设计学年、学期和具体章节的教学，撰写教案，在营造班级学习氛围和了解学情后，进行针对性的课堂教与学活动，通过师生对话、情境交流、实验活动等让学生生动活泼地学习知识，获得技能，促进学生身心发展。

在这些过程中，还包括教育、教学活动的控制、调节、检查与评价等活动。

五、父母与朋友的角色

教育讲师生平等，尊重学生人格是现代教育所遵循的重要原则。在教育与教学活动中，学生往往会把教师视为自己的父母或朋友。低年级学生倾向于把教师看作父母的化身；高年级学生则愿意把教师，尤其是青年教师当作他们的朋友。在这种心态下，教师承担学习、生活、人生等多方面的指导工作，可能比父母更有一种权威性和感召力。而教师在分担学生的痛苦与忧伤，分享他们快乐与幸福时，似乎又是一种亲近的朋友角色。

教师要让学生达到"亲其师，信其道，受其术"的教育效果，除了榜样示范、倾心授业解惑外，还要放下身架"蹲下身来与孩子对话"，也就是说要和孩子处于一样的高度，以孩子的眼光看世界，看问题。

教师要真正充当学生的朋友角色，一要尊重学生，用爱去交换爱；二要在平等、民主的基础上，"动之以情，晓之以理，导之以行"；三要在教学中更新教学观念，改进教

法,把学生看成教学资源,要善于发现教师式的学生,自己也可换位思考,充当学生式的教师。

可以想象也可以描述教师的各种角色形象,任教不久的青年教师也许对这些角色仅仅有一种朦胧感,因为自己尚未完全进入角色状态。那么你可以思考一下,首先可以扮演哪些教师角色?为什么?能否从你身边的骨干教师、老教师身上发现他们具备哪些角色?能找到一些生动的案例或故事吗?

六、研究者角色

教师的教育对象是充满生命活力的、千差万别的青少年学生,而教育的内容、结构和性质特征也因社会发展的变化而变化,这就决定教师要用变化发展的态度来对待教育对象和工作内容,要在学习、反思和研究、创新中完成自己的教育、教学任务。

从见习教师走进教室,开始承担学科教学任务的第一天起,就应当把自己逐步塑造成,既是完成教育、教学任务的管理者、施教者,又是能动的教育、教学的研究者。

现代教育赋予青年教师更宽广的研究天地与研究手段,切不可把学生视为"知识的容器"、"考试的机器",做一个"搬运工"和"教学的操作手",而应当做一个能研究学生、研究教材和研究自我的"三维"研究能手。

不少青年教师往往会习惯性地延续着教过自己的老师的教学思路开启自己的教学生涯,而疏忽了对学情的了解和研究,等到学生不断出现学习困惑与茫然时,才开始重视对学情的研究。

其实,教师的多样化的职业角色扮演是一种多元化、立体化的时空变化的角色扮演。教师从"做人之道"、"为师之道"、"为业之道"到"治学之道",都基于教师的内涵素养与外显的形象,而呈现出种种角色和身份。

启迪点

1. 教师的职业角色是其所承担的教书育人的职责所决定的,无论是新上岗的青年教师,还是教学多年的老教师,都在教育生涯的时时处处表现出不同的角色身份。可见"角色"不止步于形象和行为,而更多地植根于教师丰富而深刻的内涵品质和素养之中。

2. 著名语文特级教师于漪老师有一些名言:"一辈子做教师,一辈子学做教师。""选择了教师,就选择了高尚。"因此,教师的角色表达和显现的充分,不仅仅是职务使然,更是要不断"学习"和"锤炼"高尚,才能使角色光彩起来。

教师的各种角色不可能都会在一个教师身上得到充分显现,因为人无完人,人各有所长所短。因此各位青年教师在成长中，可以结合自己的优势，扮演更个性化的某种职业角色。

反思点

1. 见习教师起始阶段的课堂教学很可能会出现两种倾向，一是几节课的激情演讲后，突然发现下面的一群"闷鸭子"就是提不起精神来，积极举手的学生越来越少了；二是老师在课堂上一味交流、讲解，少数学生热情参与，而多数学生却静默无言。

这两种状况都和教师的多样化角色的准备与现场关注的偏差有很大关系。"解惑"的角色要求教师不能"居高临下"，不宜总是从"教"的角度出发来设计教学；"朋友"的角色要求教师不仅仅要做到"平易近人"、"笑容可掬"，还应当深入了解学生的已知与未知，兴趣与困惑，只有这样才能在认知上与学生沟通，情感上与学生相融。

2. 青年教师任教1—2年后往往会被要求上一节公开课，由校领导或区教研员前来观课和评价，而带教的老教师也会精心指导。此时，也许是由于对好课追求心切，师徒两人会预演一遍，让少数优秀生事先准备回答内容，然后才正式授课。这样的公开课把学生作为教师教学的附属品和工具，显然有损教师"为人之道"和"为业之道"的尊严与形象。

第二节　教师专业发展的基本内容

学习点

1. 认识教师专业发展内容的4大构件（专业意识、专业态度、专业知识、专业能力），理解意识、态度、知识和能力对教师走向成熟的意义和作用。

2. 了解伴随教师专业成长与发展的意识、态度、知识和能力等各种功能和内在联系。

教师职业是一种专门职业，教学工作是一种专业工作，教学工作专业化水平的提高有赖于教师的专业发展。

教师专业发展的概念性认识是：教师专业化发展是指教师作为专业人员，在专业思想、专业知识、专业能力等方面不断发展和完善的过程，即从专业新手到专家型教师的过程。

教师专业发展的基本内容主要包括专业理想的建立，专业知识的拓展与深化，专业能力的提高和自我的形成。另外,教师专业发展还应当是一种"过程",它包括教师自身专业成长的过程,促进教师专业成长的过程(即教师教育)。

初次任教的青年教师虽然在大学阶段接受过本科或本科以上的专业学习,并通过教育学、心理学或教师专业资格证书的考试,获得合格证书,但并不意味着他就是一个成熟的教育教学专业人员。

近年来,上海市教委为了促进新上岗的中、小学教师的专业成长,制定了包括《上海市中小学见习教师规范化培训内容与要求》等系列文件,着重从四大方面,全面关注教师的职初成长:一是职业感悟与职业修养;二是课堂经历和教学实践;三是班级工作与育德经验;四是教学研究与专业发展。

这些内容与要求,基本上包括教师职业训练专门化的初级阶段的基本功训练与培训等方面。

见习教师在踏上工作岗位后,有必要全面了解关于教师专业发展的基本内容,以便自觉地以明确的发展目标为导向,自觉承担社会赋予教师的职业角色,通过不断学习和实践来认识、巩固与拓展专业内涵,提高自己的专业水平,逐渐达到专业成熟的境界。

一、专业意识

教师从教后要逐步形成对教师职业意义和价值的正确认识,这是教师从事教书育人这一职业的心理准备和思想基础。

> 一个北京师大的毕业生,到一所初中任教,本以为自己知识丰富,教初中"手到擒来"。于是备课马虎、简单,上课自己滔滔不绝,不顾台下学生有的茫然以对,有的交头接耳的学情反馈,结果不到三个月,就被家长投诉,最后被调离岗位。
>
> 另一位见习教师由于对教师的职责和职业意义的认识偏差,在课堂教学中总是"自以为是",对班主任的班级管理也是马虎应对,于是师生关系恶化,而他也不得不被调离教育岗位。

以上例子说明,教师尤其新教师的专业意识与态度是教师从业、任教的前提因素。

教师应具有"社会对教育期望的认识",即社会赋予教育的使命感,社会对教师工作的期待等。著名的语文特级教师于漪说:"我的理想是做一名合格的教师。所谓合格,就是不负祖国的期望、人民的嘱托。""今天的教育就是明天的国民素质。""教育,一头肩膀挑着学生的现在，一头肩膀挑着祖国的未来。"于漪老师这种崇高而纯洁的从业与敬业意识，使她终身勤奋而成就斐然。

基于社会对教育的期待，教师在自我专业成长中应当形成强烈的从业、敬业、乐业的动机。

二、专业态度

专业态度是指教师从业时，对教育事业、对教育对象、对同业同事以及对待自己的态度。

教育事业是一项具有理想性的崇高事业，没有理想的教育是不存在的。

袁振国教授在他的《当代教育学》中指出："使未来的教师形成正确的专业态度，即对待教育：鞠躬尽瘁、甘当人梯；对待学生：倾心相爱、诲人不倦；对待同事：精诚合作，协同施教；对待自己：严于律己、为人师表。"

美国著名教育家保罗·韦地博士花了40年时间，收集9万封学生所写的信，从中概括出学生眼中的好教师的12种素质：（1）友善的态度；（2）尊重课堂内每一个学生；（3）耐心；（4）兴趣广泛；（5）良好的仪表；（6）公正；（7）幽默感；（8）良好的品质；（9）对个人的关注；（10）伸缩性；（11）宽容；（12）有方法。其中排在第一位的便是"态度"，其次是"尊重"。

见习教师走上教师岗位后至少有30—40年的教育生涯，他们的成长与发展将和我国基础教育的创新发展同步，因此未来的教育更需有高度责任感、使命感和以高尚的专业态度来从教的教师。

当代著名学者叶澜曾在本世纪初，对未来教师的素质作如下分析："对人类的热爱和博大的胸怀，对学生成长的关怀和敬业奉献的崇高精神，良好的文化素养，复合的知识结构，在富有时代精神和科学理念指导下的教育能力和研究能力，在实践中凝聚生成的教育智慧，这就是我们期望的未来教师的理想风采……"

美国社会学家贝克，在上世纪六十年代提出职业承诺的概念，他认为"承诺"是促使人类持续职业行为的心理机制，也可理解为忠于职守的心理倾向和专业认同与向上的态度。

连榕主编的《教师专业发展》书中，对教师承诺的含义的表示形式归纳为：职业承诺、情感承诺、规范承诺和继续承诺。内容包括："教师认同学校目标与价值观，对教师角色感情深厚，愿意为学校的生存与发展做出贡献；职业道德准则和对学校责任感等。"教师对教育事业的高水平职业承诺是教师积极投身教育教学工作的内驱力。

一个刚入职的青年教师要建立这种高水平的职业承诺,应从以下三方面做出"投入":

一是教学认知投入。通过学习不断接纳新课程、新课堂的理念与策略,深入了解学生学习与认知规律,寻找适合于学情的教法与学法。"教学认知投入"不能仅仅被理解为学科知识本身的获得与传播,还包括"学科领域主题和问题怎样组织以及对教学的理解",它是富含经验性和实践性的知识和应用能力。

二是教学情感投入。课堂教学是极富情感的场所,教师的敬业、爱业、热情与孜孜不倦的教学态度,能有效提高职业承诺的社会与教学效应。教育应该是人性化的,有趣味性的,要富含情感,要将教育内容与学生生活经验密切联系起来。即使是理科教育,也应当努力营造富有情感的学习氛围。

三是教学行动投入。一个青年教师的高度责任心,会使他于学于教尽心尽力,在丰富自己教学知识的同时,不断改进教法,从而受到学生的欢迎与爱戴。"教学行动投入",可以理解为对过程精彩的投入和优化教法的投入:前者不仅是对教的过程精彩的设计,还有学生积极主动投入的精彩;后者是指学习教法的同时要结合自身特点优化教法。

三、专业知识

一般认为教师的专业知识是指教师的成长与发展中所必须具备的专业知识,即广博的文化知识、学科专业知识以及教育、教学的心理科学知识。

也许对一些青年教师来说,会误解这种"专业知识"并狭义地将其认定为所教学科的专业知识。在踏上讲台前会将自己本科的学科专业知识作为授课的全部知识资源,殊不知在几周的课堂教学之后,才发现自己的知识与能力的不足。

教师教育专家和教学论专家都认为:专业知识是教师教学的理智基础,是保证教师有效教学的重要因素。

教师的专业知识丰富而精彩,结构复杂,但又是一个互补互促的整体。国内外许多教育与教育心理学家对此有许多不同的研究性解读。其中最有名的论述是美国教育心理学家舒尔曼的教师知识结构七个方面:(1)学科内容知识;(2)一般教学法知识;(3)课程知识;(4)教学法——内容知识;(5)学生及其特点的知识;(6)教学情境的知识;(7)有关教育宗旨、目的、价值和它们的哲学与历史背景的知识。又有一些国内教育专家把教师专业知识整理成四个方面内容:

本体性知识：包括学科本身的基础性、技能性的系统知识，本学科的特点、性质、历史和发展趋势，学科思维特点和认识世界的独特视角等。

条件性知识：指的是教师所具备的教育教学的理论知识，包括教育学基本技术知识等。

实践性知识：指完成教学实践活动所具备的知识。显然这种知识大多来自于实践，是教师的经验积累。

文化知识：这是特指教师为满足学生基本知识需要应有的人文科学、社会科学和自然科学等知识。这种看似外围的知识，但对于好教师，尤其对优秀教师来说却是必备的。

1. 备课与教师的专业知识

从大备课观上看，备课是一种将观念与理论，知识与技能、技巧融为一体的一个过程。备课是预设，预设又基于隐性的构思，它需要将上述的四个方面知识作为基础，再用策略性方法设计课堂教学。

课堂教学中，教师要讲得明白，说得准确，知识传授不可"失真"，知识构成要成体系，思维逻辑要科学、严谨，这是初任教师走向合格教师的重要标志。可见本体性知识在备课中是最基础的知识储备。

课堂教学是科学与艺术的统一，是知识与思维活动的协同，更是知、情、意、行的协同发展的过程。因此，备课构思中青年教师要调动大学课程中教育学、心理学以及学科教学法的理论知识，将其作为"条件性知识"，结合班风与学情，灵活设计具体的教学程序与方法。

初任教师在程序与方法的设计上，在处置"理论转化实践行为"时易出现主观意识过强的倾向，从而导致实践性、验证性知识和操作性程序知识的缺乏。因此，备课时务必将请教老教师与访问学生两件事作同等对待，以便使自己的讲课快速进入符合课改要求与受学生欢迎的轨道。

别以为作为教师专业知识中的"文化知识"条件，对初任教师来说并不重要。教师教育的学者认为，"入职初始的探索前进阶段"的青年教师，不能狭窄地把教学的技术性作为自我成长的理智取向，教师是需要终身学习和经验积累的职业，不断拓展自己的知识和技能的宽度与厚度，并在经验加反思的自我的良性循环中才能发展和成就自己。

2. 授课和教师专业知识

备课与课堂教学设计都是授课前的预设性构思活动,而授课是现场教学的具体行为,两者之间是息息相关的。它们以教师专业知识和综合素养为依托。

教师课堂的主要授课行为包括呈示、对话辅导,辅助行为包括激发动机、教师期望、课堂交流和课堂管理等。就以语言呈示为例,授课时教师不宜将"学科内容"知识作简单的从文字到语音的转换,必须进行"教法处理"和学生"听得懂"的艺术加工。

四、专业能力

教师的专业技能是指教师在正确的教育思想指导下,通过实践、反思和体悟而形成的顺利完成教学任务的一系列教学行为方式和心智方式。

教师的专业能力包括的内容相当丰富,单以学科教师的课堂教学能力来看,主要包括如下几方面:

1. 教学设计能力

国外学者布里格斯认为:"教学设计是分析学生学习需要和目标以形成满足学习需要的传递系统的全过程。教学设计可以包括传统的教案、学案、评价方式,甚至学生问题的创设、教具的应用等,还有教学诸要素中的课程内容、教学组织、教学方法、教学媒体的使用的优化安排和策划的行为方式。

教学设计的构思和基本能力的呈现是教师教学基本功的核心部分,是教师需要终身学习和反思的基本内容。

见习教师的教学设计能力的提高是逐步和渐进的:先是学习如何认识教材、解读教材、分析与处理教材,也就是要先立足于教材教;随后是用老教师提供的教案格式化的模板,撰写适合自己教学的教案,通过试教和现场教学再作进一步调整和修正。

青年教师任教后最初几年的教学活动,一般要经历理想化的教学设计与复杂多变的教学现实的矛盾与冲击,在原先的教学理想化的程序与结构受到几番挫折后,也许会先后找出能符合自己想法的教学设计,进而有了初步的成就感,尝试接纳或自创全新的教学设计方法与策略。

2. 教学语言能力

教师的课堂语言是用来表达思想、传递信息的工具。课堂语言包括口头语言、书面语言(板书、PPT 显示、作业批改)、体态语言(如示范性或示意性动作)等。

初任教师往往带有各种幻想、乐观,表现出富有理想、新奇感等心理状况。他们在走进课堂之前,在带教教师的指点下,总是手持详细的教案和预设了丰富的语言表达的构想上讲台的。可是几节课上下来，才发现自己语言十分贫乏且有缺欠，比如过于理性，自以为逻辑性强，但学生难以接受；所举实际材料或案例仍然不够具体，且文本化语言缺乏生动性；发问时不给学生留下思考的空间，急于让学生应答或遇到冷场自己抢先回答。

原来，教师的课堂语言是严谨的书面语和表达灵活生动的口头语的高度统一，它既是书面语的"声情化"，又是口语的语法、逻辑规范化。因为"严谨"，知识的传授才能准确无误；因为"富情感"，才会引发学生的情感介入式的体验；因为"口语化"，才会让学生学得生动活泼。

教师的语言魅力尤其表现在新课导入阶段，引起兴趣是新课导入最重要的心理导向。一位语文老师对自己设计的"开场白"的经验做如下总结：

> 为了调动学生学习语言兴趣，我就从设计不同的诱导语来调动学生学习语言的积极性：(1)引趣——妙语横生的诱导语；(2)诱情——情真意切的诱导语；(3)构境——具体形象的诱导语；(4)激疑——疑窦丛生的诱导语；(5)沟通——纵穿横连的诱导语；(6)引读——灵活多变的诱导语；(7)音乐——与时俱进的诱导语。

教师课堂语言应遵循的主要原则是：课堂语言的准确性；课堂语言的简约性；课堂语言的启发性；课堂语言的趣味性；课堂语言的激励性。

教育家夸美纽斯说过："教师的嘴，就是一个源泉，从那里可以发出知识的溪流。"这句名言隐含着教师课堂语言的丰富魅力。

初任教师的课堂语言有自己的年龄优势和时代用语的熟悉优势，但是缺乏把学科知识通俗化和口语化的能力和经验，不熟悉学生用语尤其是儿童化语言。

3. 教育教学交往、组织和调控能力

为了保证教育教学过程顺利，有效完成教学任务，课堂的组织调控中，目标的"导向"程序是"路径图"，教学激励和评价是"手段"，合理的调控课堂结构是"核心"，洞察学生的认知行为和心理活动是"基础"，而营造师生融洽适宜的教与学氛围则是"根本"。

初登讲台的新教师在交往、组织和调控能力上，由于受制于教学目标的约束和教学任务的要求，往往表现出"力不从心"或"松散慌乱"的情况。师生交往是现代课堂教学所倡导的，"交往"要在预设中构思好，在倾听与师生对话中进行；在组织讨论、动手实验时的观察、点拨和即时评价中展开。

"组织"不能被单纯理解为行为的要求与指导、个人或小组活动的安排,教师的语言表达中往往也赋予了"组织与调控"的功能:新课导语的激趣,也蕴含学生课堂听、说、练、写、计算以及议论的思维导向;讲授新知和随堂练习中的"提示语"、"告诫语"和动作要领的"程式语"都在不同的教学过程中起组织与调控作用。

教师的教育、教学交往、组织和调控能力的形成、发展与提高,应从如下几方面入手:

首先,要有新颖的教学理念作指导。要充分认识到课堂的教与学活动中,学生是学习的主人,"教"为了促进"学";要呈现预设与生成的统一,理想的预设要与生动的学生生成和谐并进;要面向大多数,在兼顾优生和学困生的教学安排中落实自己的组织和调控行为。

其次,要有正确的学生观。学生是具有发展潜能的人,具有一个从不成熟到成熟,从不定型到定型的成长发展期;学生又是有发展需要的人,他们需要从自然人走向社会人;学生是教育对象,学生在学校接受有计划、有目的、有组织的育人活动。

这三种最基本的学生观应成为教师课堂教学组织、调控与安排的指导思想,尊重、平等、期待、鼓励、宽容和因人而教、因材施教等都应贯彻于组织行为始终。

4. 教育研究能力

教师不仅是教学的执行者,而且还应当是教育教学的研究者。具有科研意识和科研能力,坚持在教育教学实践中开展研究,是教师专业能力不断发展的保证。

首先,教师要有科学研究的意识。教师职业要求从教者保持一种职业敏感和探究的欲望。教师每天都直接面对教材、面对学生,都处在不同的教育场境中,应当具有发现问题、处理和解决问题的能力,还需要自觉地克服传统的习惯和主观臆断的不同影响,主动运用科学方法来认识问题和解决问题。

其次,要掌握教育研究的基本方法,新入职的青年教师可以从学习如何写教案、如何写教后感、教学反思,如何写教育、教学案例开始,进而开展基于课程标准的有效教学实践研究,开展国家课程校本化的研究以及与学校办学特色相关的学科化实施的研究等。

上述这些研究都需要青年教师逐步学习教育科研的各种技能,学会认识问题,用教育科研的基本方法,来解决问题。

著名的科学家、教育家钱伟长曾说过:"你不上课,就不是教师;你不搞科研,就不是好老师。教学是必要的要求,不是充分的要求,充分的要求是科研。科研反映你对本学科清楚不清楚。教育没有科研作底子,就是一个没有观点教育,没有灵魂的教育。"也许，钱伟长教授主要是针对高校教师而言的，但是在当今新课程、新理念全面实施下，中小学教师同样要把科研放在自身专业发展中的主要地位。

5. 专业创新能力

自 1966 年联合国教科文组织确认教师为专业以来，尽管有关专业化概念的认识不一，但视教师为专业已渐成共识。教师工作被视为一种专业，在于本身具有"创造性"。

我们的社会正处在一个开放的时代，创新是时代的特征和主旋律，因此处在这个时代的青年教师应当把创新作为自己的专业精神和专业能力的重要部分。

新世纪倡导做创新型教师，其创新能力主要包括如下几个方面：

一是思考和反思能力，勤于思考，善于思考是教师创新能力最必备的素质。教会学生学会思考，用学科自身的性质与特点去思维，为思维而教，教会学生思维是教师的真本领。

教师在教学中，对教法要思考、教材要思考，对怎么促进学生主动发展更要思考。

二是质疑能力，教师墨守成规、循规蹈矩将无法完成新课程、新课改所赋予的教改任务。在深刻理解课程改革的意向和目标的前提下，大胆变革和突破传统，吸纳优秀教师的教学模式和策略，并结合自身特点走自适的教改之路，是时代赋予青年教师的历史使命。

三是解决实际问题的能力，解决实际问题的能力是一种执行力，它需要以前期的发现问题和质疑的能力为前提，随后是要有积极面对问题、承担责任的心理素质，在解决问题中要善于分析问题，提出一种有目标的假设并进行包括实践验证和心智活动的推理。

教改中需要教师攻坚克难，需要在新理念指导下走出新路，还需要积累自己的知识储备，提升心智技能，最终用正确的动机与心态去解决难题。

💡 启迪点

1. 教师专业成长与发展的内容构成其实是相当丰富的，体现在具有高度专业特点的心智活动中。"意识"决定教师对角色意义的认识和职业价值的追求；"态度"是教师从业心境和自我修炼的境界；"知识"是教师从教的基础性本领；"能力"是教师的教与指导学生学的系列化技能。

2. 这些专业训练内容是教师走向成熟和成功不可缺少的各种心智活动，它们都将与教师在职业生涯历程中结伴而行。

反思点

教师在职业历程中时时处处都在自觉与不自觉地接受这些专业训练,它贯穿在教师的学习、实践和反思的思维与行动中,教师专业成长中的困惑、障碍和迷惘,或多或少都和上述 4 项内容相关。所以要持续发展自己,都可以从上述 4 项内容中找到反思点或切入口。

第三节 教师生涯与课堂教学

学习点

1. 知道教师专业成长的 4 个阶段的基本特点,了解教师在各个成长阶段对备课不同的认识与理解。

2. 认识教师职业生涯中人格和个人魅力的表现以及对课堂教学的影响。

《中华人民共和国教师法》总则中指出:"教师是履行教育教学职责的专业人员,承担教书育人,培养社会主义事业建设者和接班人、提高民族素质的使命。教师应当忠诚于人民的教育事业。"

作为专业人员和承担着"提高民族素质使命"的教师,获得合格的教师资格证书后,并不意味着就是一个成熟的教育教学专业人员,他还要不断学习,积累经验,在更新观念和知识中不断反思,才能达到专业的成熟。

一、教师成长与课堂教学

作为 20 多岁的见习教师走进校园,登上讲台开始承担教书育人的光荣使命时,也许你还要担任一个班的班主任,担任几个班的学科教学工作;你怀抱理想和人生追求,在班级管理、课堂教学和多种教育的社会活动中,不断地积累和丰富自己的专业知识和技能,当然这个过程中,你还得不断明确自己的角色、地位,在了解学生研究学生中与学生共成长共发展。

教师的专业成长是有阶段性的,这种阶段性不仅仅是时间的延续,伴随这一历程的是教师专业内涵的持续改变:

阶段 1:适应期——专业形成阶段

职业适应期是教师走上工作岗位,由没有实践体验到初步适应教育教学工作,开始具备最基本、最起码的教育教学能力和其他素质的阶段；在该阶段教师开始形成一些简单的教育观念，初步了解和熟悉教育教学工作。

适应期内的"备课"与"授课"——初步认识教案结构与内容，一般从教材内容和自我"教"的程序出发进行备课活动；初步了解一堂课的若干环节和过程特征；在备课和授课中不断发现备课的不足和教学中因学生不适应而存在的教学困惑；尽管进行了一些改进和修正，但总难以达到自己理想的教育教学效果。

阶段2：成长期——专业成长阶段

成长期是新教师开始找到专业成长之路的阶段，在增加了对教育教学工作的了解程度和丰富了临场教育教学的一些经验后，开始把"学情"的了解作为提高教学效应的手段，开始把注意力放在学习困难的学生身上，初步形成并巩固自己的教学经验。

成长期的"备课"与"授课"——开始学会如何掌握教学时间与安排，并将其体现在自己的备课教案中；开始关心"教学目标"的确认与教学过程、方法之间的关系；开始调整自己的教学设计以适应学生学的要求。

处于成长期的青年教师心理开始走向初步自信，通过同事交往和老教师指导，教师的角色扮演和教育教学的胜任度有了明显提高。

阶段3：成熟期——专业巩固和更新阶段

成熟期的教师一般具有3—5年的任教期，不仅具有教学实践的基本知识，并开始巩固已有经验。本着对教育岗位的责任感和对学生教育的使命感，不少教师也开始反思已有的教育理念，审视自己的教学方法。部分教师开始对重复、机械的工作感到厌倦，试图寻找新的方法和技巧，于是积极参加学校开展的校本研修活动，选择并确定自己的研究专题。

成熟期的"备课"与"授课"——能基本掌握教案的设计与撰写，能与同伴一起开展教案更新、说课和评课活动；在教学实践活动中，能有理性、有个性地借助他人的教学经验，将自己的教学长处和优势显示在课堂教学中。

这一阶段的教师渴望有优秀教师指导，尤其需要教研员或教育研究者的指导，如果这一阶段有"高人指点"，那么凡有志于走专业成长之路的青年教师的能力一定会有质的飞跃。

阶段4：充分专业化期——专业自我成熟阶段

充分专业化期的教师的教育教学经验已处于稳定的成熟期，他们在努力追求自我实现和不断尝试、重建自己的观念和信念中，对自己成熟的经验有了能自圆其说或较完整的经验化的语言表达能力，并且在自我的教育教学科研上有了一些文字性研究成果。

充分专业化阶段的"备课"与"授课"——教师备课已进入独立思考阶段,初步形成个性化备课的特征,课堂教学积累的经验又会促使备课活动走向良性循环的态势。教师的课堂教学的经验日益丰富,教学技能日益娴熟。

这一阶段的教师其专业角色更加丰富而教学更加有声有色。教师不仅是教育教学的有效组织者,而且能更多地关注学生知识、智力的发展和学习的进步,关心学生的情感发展和价值观的形成。其中的部分教师会走出"厌教"和"高原式"的停滞状态,初步成为研究型教师。

二、适应期的青年教师与课堂教学

适应期一般是指教师任教后的最初几年,从学生到教师的角色转换期,是所学理论与现实实践的"磨合期",这期间需要联系现实的"反思",用实践去验证理论的正确性。

赵昌木编著的《教师专业发展》一书中,对师范院校的实习生在课堂教学中最常遇到的问题作如下归纳:

(1)不能合理分配自己的注意力(如注意了教案忘了学生,注意了讲解忘了板书等)。

(2)不能合理分配教学时间,教学节奏过快(如只按自己的教案讲解,不管学生的反应;发问时不给学生留下思考时间,而急于让学生回答等)。

(3)对课堂偶发事件不能机智处理。[1]

以上这些问题尽管是大学实习阶段遇见的,但仍然在见习教师的第一年教学中以不同程度存在着。

初任教师在备课时往往会以理想的美好去面对不理想的现实,以为自己的知识和实习阶段的短期实践,便可胜任课堂教学,于是又会出现以下新的问题:

一是对中小学的教材知识与思维体系不熟悉,对重点与难点的认识只是从教参中获得,自己却把握不准。

二是不了解学生的学习状况和学习需求,备课时大多从教材内容的解读入手,用成人的思维去设计教学过程,忽视了学生的知识与能力基础。

三是备课的文字信息被机械地转换成口头表达,语言不流畅,有时还会产生停顿

---

[1]　赵昌木编著:《教师专业发展》,山东人民出版社,2011年版,第62页。

甚至口误。

四是无法妥善处理学生的反馈信息，如对学生的错答、错题的应对无方，课堂沉闷或混乱后的应对不佳等。

五是板书设计不规范，板书与语言表达不协调等。

以下是 2017 年进入上海市杨浦区世界路小学实习的新教师李丹萍发给我的一段小学生对新教师"挑战"的案例，它生动说明新的教学环境中的课堂行为需要师生双方的磨合。

在我几次教学中，给我印象深刻的是一个三年级的班级。在一节自习课上，一个男孩子举手问我一道数学题，题目如下：20( ) + 40( ) = 1( )。在短暂思考过后，我解出了答案，即 20(分钟) + 40(分钟) = 1(小时)。通过我对学生的引导，学生解出了答案。正当我因为帮助学生解决问题感到欣慰时，小男孩的同桌和他说："别看她是实习的新老师，能解出这道题目，说明她的智商还不是特别低！"听到她的话我随即问她："你们是在测试老师吗？"两个孩子昂着头说："对啊，之前有一个英语老师就答不出来，真差劲！"接着全班同学也一一附和。

这件事过后，我常常在思考，这个时代的孩子对老师的看法似乎在转变，不再是一进校门便根深蒂固地崇拜老师，而是通过他们"自身的测试"来衡量老师的能力，这其中"似有挑衅之意"，却也有趣之极！

三、教师的人格力量与课堂教学

20 世纪七八十年代，在探讨教师发展的涵义时，出现一种存在论思潮。存在论教育学并不是从知识与技能的角度来思考教师的专业成长，而是从专业热忱和伦理精神的角度来分析论证。这被称为从"大者"入手，而不是从纯知识、技能和机智的"小者"入手。

胡惠闵、王健君主编的《教师专业发展》教材中指出："我们以往对教师的专业热忱这一'大者'是重视不够的，相比而言，我们更关注教师的知识与技能技巧。"专业热忱缺乏，使得教师在课堂生活中往往缺乏生命活力与教学热情，缺乏人文关怀与价值追问，缺乏教育的浪漫理想和坚定信心。

这里关于专业热忱和教学热情，教育理想和坚定信心，似乎可纳入教师的精神风范、教师的人格力量。

什么是科学精神？有人归纳为务实、明理与善用三方面。更有人认为科学精神就是指由科学性质所决定并贯穿于科学活动之中的基本精神状态和思维方式，是体现在科学知识中的思想和理念。

教师在学科教学中，除了要深知本学科特点、学科形成与发展过程所体现的科学精神，还要具备"求真"的学科精神，崇尚真善美，"追求真理做真人"。在课堂教学中应从以下三方面入手：

一是教学活动要与学生智力和认识过程相适应。也就是说，课堂教学的科学性是以学生智力发展为基础的，要和学生认识客观世界的过程的特点和规律匹配，用成年人的认知要求青少年学生，知识过量、进度太快以及缺乏实践检验等都会产生不良的学习效果。

二是教学要与学生的心理发展相适应。教学是一种由师生共同完成的、有目的、有组织的活动。任何教学过程设计都要看它是否尊重学生认知发展的规律，是否使学生的潜能和个性得到挖掘与发展。根据心理学家皮亚杰的理论，教师的课堂教学设计要注意如下几点：(1)熟悉和了解所教学生的认知特点；(2)按照学生平均认知水平安排教学进度；(3)注意学生认知差异，对学习困难生要进行必要的辅导和激励；(4)认真落实以学生认知结构发展和需要为目标的教学设计思想。

三是教学要与现代科学技术发展相适应。现代科技日新月异，正改变着我们的知识结构，人的知识增长面已经大大跨越出学校教育、教学的领域。在现代信息技术条件下，学生获得知识的天地更加广阔，因此，教师自己要学会基于信息化条件下的学习，更要让学生学会这种学习。

《教育信息化十年规划》中提出并倡导的"信息技术要与教育教学深度融合"的新观念和做法的核心内容是：在运用技术改善"教与学环境"和"教与学方式"的基础上，还要进一步去实现教育结构性变革，形成新颖的"主导—主体相结合"的课堂教学结构，要让学习者学习方式便捷化、学习支持个性化，从而获得高质量的学习结果。

青年教师对现代信息技术比较熟悉，经过适当培训也能快速掌握与学科整合的多种技能。新课堂的教学设计务必要注意如下几方面的价值取向：一是务必充分调动学生自主学习的积极性，使其主动动手实践，动脑发表自己的主见；二是要充分重视学生的角色转变，每个学生既是学习者，又是课堂学习资源的创造者，要创造各种条件让学生逐步具备独立思考、求异思维、创新能力和团队合作的精神。

四、教师的创新精神和课堂教学

江泽民同志曾指出："创新是一个民族进步的灵魂，是国家兴旺发达的不竭动力。"创新人才的成长靠教育，创新素质的发展需要创新教育来培养。学生创新能力哪里来？来自每个教师自身的创新精神。

苏霍姆林斯基说："学生眼里的教师应当是一位聪明、博学、善于思考、热爱知识的人，教师的知识越深厚、视野越宽广、科学素养越全面，他就在更大程度上不仅是一位教师，而且是一位教育者。"教师的广博知识是进行创新教育的基础，现代教育强调综合，学科之间相互交叉、相互渗透的特点越来越突出，单纯的、单一学科教学指向，难以产生与促进创新思维的发展。

教学方法上我们往往过分注重演绎法，忽视归纳法。演绎法是从一般到个别，也就是从一般的原理为前提去论证个别事物，从而推导出一个新的结论。杨振宁博士也指出："所谓演绎法，就是从大的原则开始，从已经了解的、最抽象的、最高深的原则开始，然后一步一步推演出来。"其优点是可以使学生很好地继承前人积累的知识，缺点是无法引导学生去创新。

而归纳法是经典物理研究及其理论建构中的一种重要方法。它先抓住现象，然后从现象中抽取其中精神，再用基本的最深刻的原理来验证。

归纳法特征是：不受已有知识和经验的局限，思考问题不受时间的局限，鼓励进行移植，能发挥人的新见解；组合思维呈直接性和跳跃性等特点。用这个方法也许会出现走弯路现象，但却是引导学生进行创新思维教育的好方法。

在理科教学中尤其要倡导归纳法，一般教学模式为：观察—分析—归纳—结论。在教学中强调从特殊到一般的方法、分类讨论的思想。

现在，我们倡导学生的探究性学习，这种学习新方法还务必与学科思维方法相结合，这样才能让学生感受、领悟、理解和掌握本学科的思想方法，从而延伸到运用意识和解决问题的意识。

五、教师个性魅力与课堂教学

苏霍姆林斯基说过："一个无任何个性特色的教师，他培养的学生也不会有任何特色。"魅力被认为是一种吸引力，一名教师若有魅力，学生就会喜欢他并产生亲近感，便有"亲其师，信其道"的育人效果。

教师个性魅力的培育一般不在教师专业知识和能力培训的范畴之中,而是依托于教师个人的如下三个品质之中:一是自信。一个充分自我接纳的教师,才会成为生活、工作的强者。二是勇气。一个具备应变能力和有迎接挑战的冲动和勇气的教师才会有个性魅力的表达。三是人格的完善。教师应该"身正为范、德高为师"。健康的人格是魅力教师的重要方面。心理学家奥尔波特认为:具有健康人格的人是成熟的人,成熟的人有七条标准:(1)专注于某些活动,在这些活动中是一个真正的参与者;(2)对父母、朋友等具有显示爱的能力;(3)有安全感;(4)能够客观地看待世界;(5)能够胜任自己所承担的工作;(6)客观地认识自己;(7)有坚定的价值观和道德心。著名的心理学家马斯洛也认为,人类总是不断地寻求一个更加充实的自我,追求更加完美的自我实现。

教师个性魅力基于自信,生成于勇气,在人格完善之中塑造。

教师的个性魅力显现于课堂,表达在所有的言行举止中,对学生具有耳濡目染、潜移默化的影响力。

综上所述,教师的人格力量是教师个人的精神风范,一般不在教师专业化培训范围中,尤其难以在专业知识、专业技能与技巧的序列中被锤炼,更需要教师个人在工作的现代人、现代教师所应具备的修行和修炼进程中完成。

📝 启迪点

1. 教师成长是基于职业实践的过程,从适应期到充分专业化期,有着不同的备课思考和实践认识,经历着从"认识自我"(发现不足)到"提高自信"(积累经验)的过程;是从"磨合"到"适应"再到"成熟"和相当"专业化"的蜕变过程。而加速这个过程的法宝也许就是"执着"和"反思"这两方面。

2. 显然,备课与课堂教学不是纯粹的"技术活",教师个人的人格力量、创新精神和个人魅力都对备课与课堂教学有着强烈的影响力,而这些品质不是完全靠外界培训能造就的。

🧩 反思点

1. 初任教师在专业成长中,除了进行必要的模仿性学习外,还要自觉进行内化式的调整和自我重构,要对资深教师的态度、价值观和教学的具体经验,作策略性再认识,把新观念和老经验结合起来,走出自适性的专业发展之路。这也是许多青年教师在成长中反思后的感悟。

2. 教师专业成长于课堂，升华于自身的素养与个人魅力。本节所介绍的教学生涯与课堂教学，似可使部分教师放弃总把自己教学的问题归咎于学生的片面想法。尤其教师们经历了集体教研和专家指导的研修活动后，一定会进行有效反思。

第二章　认识课堂教学

第一节　关于教学

🔵 学习点

1. 了解"教学"、"学校教学"各种概念性的解说，明白关于"教学"的认定和特点，理解教学的本质属性。

2. 明白教师教学的使命与任务，理解教学与育人之道的联系。

何谓教学？教学，就是教师的教与学生的学的组合吗？"教学"在《现代汉语词典》的解释是：教师把知识、技能传授给学生的过程。当我们查阅当代教学理论时，才发现："教学"是教学理论中的一个基本概念。苏联时期凯洛夫的《教育学》传入中国以后，我们认定："教学过程一方面包括教师的活动（教），同时也包括学生的活动（学）。教与学是同一过程的两方面，彼此不可分割地联系着。"也就是我国教育学与教学论中所认定的："教学是教师教和学生学的统一活动。"

这种"统一活动"，对一个富有教学经验的老教师来说是驾轻就熟的。新上岗的青年教师若问询老教师如何教学时，老教师会对于如何设计一堂课的基本方案，做简约或详细的介绍。

那么，新上岗的见习教师第一次进行教学时，是如何实施这种"统一活动"呢？

以下是见习教师在基地学校，试上第一堂课的"遭遇"和困惑：

> 沈老师是华东师大硕士毕业生，为了上好第一堂课，她翻阅了大量参考资料，还熟读了课本，准备了可供自己讲解与说明的详细教案。当面对学生期待的目光时，她因心情激动而加快语速，用先前准备的让学生回答的问题，向学生发问时，才发现学生们有许多问题无法应答而茫然以对。35 分钟的一堂课，似乎在 25 分钟左右已进入尾声⋯⋯

> 高老师是 2016 年入职的新英语老师，她在新教师座谈会上介绍她的第一次上课的情境：

> "第一次上课之前，我就在家中认真备课，关于某一个环节该说哪些话，

都准备得比较详细。但是进入课堂实施时，我才发现效果不尽如人意，问下去的问题没有学生回答，或者是很少学生回答。

课后带教的指导老师指出我的问题：英语课堂教学有其特殊性，课堂用语是以英语为主的，而二、三年级学生对于英语词汇掌握较少，学生对我的课堂过渡用语都比较难懂，学生无法理解我的指令，自然无法对我的指令做出反应。"

夏老师是新上岗的小学体育教师，他在座谈会上说："我第一次上体育课就遇到尴尬，一年级小朋友个个蹦蹦跳跳，根本不听我指挥，排好队要很长时间。接着，我教他们向左、向右看齐的动作，可没想到竟然有好几个小朋友不知左与右的方向……"

从以上的若干小案例中可以看出：新上岗的青年教师要成为一名合格的教师，需要一番磨练。师范类的本科生甚至是硕士研究生，尽管已系统学过教育学和心理学，也学过本学科的教学论之类的课程，但在课堂的"实战"中，也许无法获得理论的现实指导，也许还会以自己学生时代教师的课堂表现为模板去授课，所以会出现种种问题与困惑。

见习教师的课堂是处于教师适应期和角色转变期的课堂。我们在学习"认识课堂教学"章节时，有必要全面细致地认识一下"教学"、"课堂教学"这些非常重要的概念。

一、"教学"的一般规定和基本认识

"教学"就是指教的人指导学的人进行学习的活动。这种活动需要的是"结合"和"统一"，而不是简单的相加。

在学校教学活动和教学研究中，是把"教"当作中心问题来研究的，但"教"与"学"必须处在并存的情景中，是互动与相互依附的关系。

对于教师来说，教学究竟是怎样的一种行为方式呢？袁振国教授的《当代教育学》是这样解说的："教学即教师引起、维持、促进学生学习的所有行为方式。"教师行为包括主要行为（如呈示、对话、辅导等）和辅助行为（如激发动机、教师期望、课堂交流和课堂管理等）两大类别。

显然，袁振国教授综合并提炼了当代教育与教学的核心理念，把教师在教学中的行为方式，都与学生的"学"紧密联系起来，使其成为一个统一的整体。

从教学论的高度来认识教学，则教学是以传授和引导学生掌握知识、技能、技巧体系为主的社会实践活动。

从上述三个见习教师的案例中,可看出初任教师的课堂教学,往往容易忽视对学生"学"的研究,忽视教与学统一体的活动研究。

二、学校教学的基本特点

学校教学具有如下几个特点:

1. 教学是教师与学生之间双边的、共同的活动。教学包括教师的教(育)和学生的学(习)。这种活动是一种系统,具有复杂的结构。在教学中教师与学生各有自己的独立活动。教与学在理性思维中是可分的,于是就有了关于教的理论和学的理论;教与学又是相互依存、相互制约的,没有教,就没有学,没有学,也就无所谓教。"教学相长",相得益彰。

以下小案例会让圆周率教学,因学生的小小互动而生动许多。

数学课上为了改变教师说教和机械识记圆周率的状况,教师组织学生画出圆的直径,量得长度,并将硬纸上的圆剪下,使其在尺上滚动量周长,找出直径与周长之比,以粗略验证古人的发现。

2. 教学是教师的教和学生的学所构成的一种教育活动。教学是以传授知识为载体的育人活动,教学的目的是促进学生发展。这种发展,主要有三层意思:一是掌握知识,形成技能;二是发展智力,培养能力;三是实现教育培养目标,达到全面发展。

在这过程中,学生只有通过必要的实践活动才能完成一定的学习任务。实际上教学对于师生来说,都具有发展价值,它是通过师生的多种交往活动及相互作用来实现的。

一位教师在教学百分数的应用时,以敏锐的数学眼光,及时地抓住北京申奥成功不久的有利时机,把申奥成功这个刚刚发生的学生熟悉的素材作为数学教学的活教材,并且对素材的处理也非常得当。开始,播放申奥成功时那段激动人心的录像,让学生再一次感受到了成功的喜悦,渲染了现场的学习气氛,提高了学生探索发现的兴趣。接着,教师没有纠缠于申奥成功的具体情节,而是迅速地抽取了"申奥得票数"这个对数学有用的信息,将其以统计图的形式呈现给学生,迅速地把生活情境转化成了数学情境,引导学生通过比较提出数学问题。然后,教师引导学生用百分数的知识来分析数据,师生共同提出本节课主要要探究的问题——"北京的得票数比多伦多多百分之几,多伦多的得票数比北京少百分之几?"这样,将本来很枯燥的百分数应用题的题材生活化,使学习材料具有丰富的现实背景,增加学生的信息量,提高了学生探索的积极性,使学生体会到生活中处处有数学,感受到数学的趣味和作用,体验了数学的魅力。[①]

3. 从心理学角度来分析,学生学习过程是一种特殊的认识或认知活动。这种特殊性体现在如下三个方面：其一是认识的间接性,因为教材只是客观世界的间接反映,所以学生的获得就是已知的间接经验;其二是认识的交往性,因为教学是在特定的情境和特殊的目的中进行的师生的交往,所以教学中的认识总是在一定框架中的交往;其三是认识的教育性,学校教学的多样化和层次化,可以使学生在认识中实现知、情、意、行的协调发展与完全人格的养成。

在这种特殊的认识过程中,教师对学生的学习策略研究,要充分体现学生的主体地位,强调学生学习的习得是学会学习的根本和前提。

4. 教学活动中的"教"是教学研究的中心问题,"教"的行为是教学理论的中心问题。围绕这一中心问题开展两个大课题的讨论：一是"教怎样影响学",二是"怎样的教才是最有效的"。可见教学本质是一种探究。这种探究既要以教育学原理为依据,又要有心理学的理论介入。既然教学包括教与学的两方面,那么对学生的学习活动更要强调探究性,现代教学倡导从接受性学习转向探究性学习。

例如,一位小学语文教师在一次作文教学后记中写道："写作就是把生活中的故事经过自己的感悟、体会以后写下来。学生的写作素材无处不在,班上一个学生出水痘后,班级其他孩子被'隔离',学校不让他们下课外出活动,气氛有点紧张。我布置带有若干问题的家庭对话作业,同学们竟然打开了'话匣',从不同角度写认识、写态度、写告慰语,甚至有的学生用诗画配的形式来表达。可见,要走进孩子的心灵世界,才能让学生在不经意中快快乐乐写作文。"

这位语文教师在思考"怎样教最有效"时,把学生身边的典型事例,转化为"教学资料",在奉献爱心中生动了写作的语言。

5. 袁振国主编的《当代教育学》关于"教学的一般规定"一节中指出：教学(教)就

---

① 肖川主编：《名师备课经验・数学卷》,教育科学出版社,2006年3月版,第110页。

是教师引起、维持与促进学生学习的所有行为。教学活动及行为方式,包括教学前的准备、教学中实施与教学后的评价等三个阶段。教师行为包括主要行为(如呈示、对话、辅导等)和辅助行为(如激发动机、教师期望、课堂交流和课堂管理等)两大类别。这是关于"教学"基本特点的较为完整的表述

三、教学要完成什么任务

教学任务是教学总目的的具体化,是教学活动要达到的预期结果。它对于确定教学活动的具体要求,正确选择教学内容与教学方法以达到预期的教学效果,有直接的指导意义。教学任务规定和把握着教学的全过程,是教师调整和控制教学活动的依据和评价教学效果的标准。

根据我国基础教育的培养目标,中小学教学的基本任务有如下几方面:

1. 使学生掌握系统的文化科学基础知识,形成基本技能

所谓基础知识是指从人类知识体系的宝库中经过挑选的,既符合现代科学技术发展的要求,又符合儿童身心发展水平的基本事实和概括构成的知识体系。所谓技能是指运用一定的知识,通过练习而获得和能够在实践中完成、比较稳定的动作活动方式。技能又可分为两类,一类是动作技能,如运动技能、劳动技能和操作技能等;二是智力技能,主要是借助内部语言在头脑内部进行的智力活动方式,如阅读、计算、写作等技能。

在形成技能的基础上,还要使学生掌握技巧。教师要提供技能应用的情境,促进学生技巧迁移,使其形成熟练化的技能。

教学中知识、技能和技巧这三者是密切相关,相辅相成的。掌握知识是形成技能的基础,而技能、技巧一旦形成,又为迅速地掌握新知识、解决新问题创造条件。

2. 发展学生的智力、能力和体力

在我国,教育目的经历了三个发展阶段,即"双基观"——"智能观"——"素质观"三阶段。现代素质观对智力、能力赋以更为深刻和丰富的内容。就"基础知识"而言,它不可能也不应当仅仅满足于事实性知识,方法论知识、价值性知识和伦理性知识相对来说变得更加突出。所谓的"基本技能"也不能仅仅满足于解题的能力和技巧,而应当包括当今的信息处理技能、操作技能、表达与传递技能、交际技能等等。

智力属于认识活动范畴,是一种比较稳定的心理素质。智力由观察力、记忆力、想象力、思维力和注意力五种基本因素组成,并以思维力为核心组成完整的结构。

能力,则是在智力发展的基础上掌握知识、应用知识的本领,是综合应用知识、技

能、技巧和智力活动的结果。能力由定向能力、组织能力、适应能力、动手能力与创造能力五种基本因素组成，创造能力是其完整结构的核心。智力与知识相联系，智力通过能力表现出来，能力又以智力为基础。智力是先天因素多，能力则是后天因素多。

在当前教学中，应当着重培养和发展如下几种智力与能力：(1)培养学生的观察力；(2)培养学生的记忆力；(3)培养学生的想象力；(4)培养学生的思维力；(5)培养学生的实际操作能力；(6)培养学生的分析问题和解决问题的能力；(7)培养学生的自学能力；(8)培养学生的创造能力。

上世纪九十年代以来的课堂教学改革中，人们还十分关注如下几个问题：一是重视开发学生的智力潜能；二是在发展智力与培养能力的同时，特别重视让学生掌握学习方法。学习方法中又十分强调发展学生的思维，尤其强调思维方法的培育。三是在发展智力因素的前提下，重视非智力因素的培养。人们认识到学生的心理问题主要反映在非智力因素上，以抓非智力因素去加强心理教育。四是在教学中要着重培养学生的创造性想象和创造性思维以及创造性制作能力，使学生具有不断探求创新的精神。

3. 形成学生的辩证唯物主义世界观基础，培养学生良好的道德品质和优良的个性品质

教学是德育的主渠道。学生学习和掌握文化科学知识是形成科学世界观和良好思想品德的重要基础。在教学中还可以结合各科教学培养科学精神，培养学生的求知欲、好奇心、事业心和责任感等。

总之，教学中不仅要完成智育任务，还要承担使学生德育、美育、体育等方面全面发展的任务。

启迪点

1. 袁振国教授对"教学"的认定，启迪我们的青年教师在教学时，务必将"教"与"学"的两大类行为作一体化处理，立足于学生学的"主要行为"，才是真正的现代教学。

2. 师生的双边活动不是简单的说与听、问与答、演与练的双边活动，是知、情、意、行的能量交流与增长，是心智的营养化的活动，是为了学生的身心健康发展而教学。

3. 原来"生命课堂"，就是要求教师站在学生成长的心理的视角看待课堂教学，把课堂看成一种师生共同的生命历程。

4. 教师要明白所有"教学资源"都在"信息论"的认识中，被看为一种"信息流"，只

有对其发现、吸取、组合与优化处理，才能让学生高效地学习。

各学科都是具有各自优势的人格教育的载体，活化载体的作用与功能是学科永恒的课题。

反思点

1. 新教师在教学上的弊端，也许很大程度上是由于对教学本质特征的认识不足，以及受学生时代时教师教学行为的影响而造成的。教学内容的过渡嚼烂或自以为适切，都会造成"教"与"学"的不和谐。

不是有提问就会有精彩的双边活动，要基于学情，尤其要贴近学生认知与心理进行提问，才能产生激趣、促思的双边效应。

2. 双边活动讲究什么？青年教师的课堂千万不可追求表面化的热闹，不可停留于互动中的"再现"与"模仿"，不因学生已经"习得"或者会"解题"而止步。青年教师应该向名师所设计的师生深度交流学习，向有智慧，甚至有创新、拓展的课堂学习取经。

3. 教学的双边活动贯穿于教学的全过程，如"新课导入"中的"温故知新"，激趣的话题或案例；讲授新知时，"切入点"和"训练点"的问题情境；课堂小结中师生共同归纳与小结等。

教学中，教学经验丰富的教师会把生活经验与学生自我观察的发展结合起来，发展学生的想象力从而促进学生智力的发展和发现"科学在身边"的洞察力。

4. "教"怎样影响"学"，发现学生"学"的精彩或"学"的困惑盲区，这是青年教师职业生涯中首要先面对的课题和实践中经常反思的话题。教师聆听学生的精彩回答，给予表扬并将其作为示范；学生解题的创意或发现，教师将其热情接纳与传播，甚至作为教师教学经验加以整理，这些都是"教"与"学"双边和谐与互渗活动的表现。

第二节　现代课堂教学

学习点

1. 了解现代教学观的若干观点，认识两种不同教学过程观的理性架构。
2. 知道若干新教学意识的基本观点和行为表现。
3. 熟悉有效教学理念和意识的基本内容。

一、现代教学观的主要观点

1. 目的观：掌握必要的基础知识，以发展学生智力、培养能力为主，使学生不背负过多压力，学会自己学习。

2. 内容观：注重知识的内在联系，注重采纳现代新的知识和理论，主张知识结构横向联系交叉，求广求新；还要求从重视知识传授向关注人才培养转变，如果教学过于关注学生智力，会导致其片面或畸形发展。当代科学的发展，对人的要求已不局限于智力方面，教学应当促进学生和谐发展，提高综合素质。

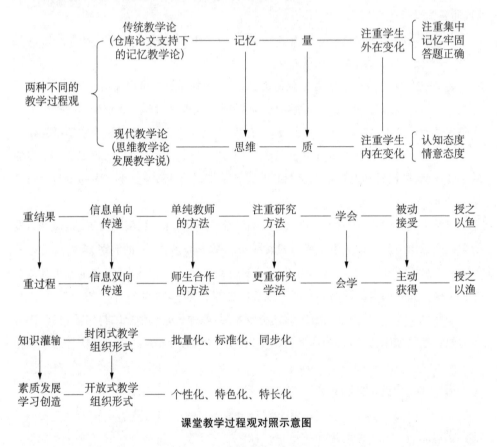

课堂教学过程观对照示意图

3. 教学过程观：传统教学过分关注结果，并把结果作为评价教师与学生及教学质量的唯一标准。现代教学论以思维教学论发展教学学说为理论指导，重知识的发生过程，通过以学生为主体，教师为主导的研究模式来达到理解概念并灵活应用的目的，课堂气氛是活跃的；把教师的权威建立在尊重学生的探究发现上，建立在学生思维开拓和发展上。

教师把落实"双基"作为每堂课的手段,而把培养能力、发展思维作为每节课的教学核心。

4. 方法观:现代教学方法发展趋势是:在发展学生智能的同时,更看重培养学生的创造力;强调学生学习方法研究,要求"以学论教",以学生学的状态评价教师"教"的效果;注重基于学情与学生情感体验的教学法研究。

● 科学的教育方法,其实质在于认识和运用教育规律。

● 以学生为本,以学生发展为本来设计教法;教法为学法服务;"以学论教"、"以学定教";不教之教才是最高之教;教有法,教无定法。

● 为发展学生知识结构和思维的发展而教;为创造力而教;教法既有科学性,又有艺术性。

● 现代教育技术要为教法服务,教师不是现代信息技术手段和工具功能的"解说员";"情"与"爱"是设计与应用先进教法的动力源泉。

二、用新的教学意识统领课堂

课堂教改和课堂教学改革均受到教师因素的制约,这是不争的事实。教师是课堂实施过程的直接参与者、课堂教学的组织者和实施者,教师的素质、态度与对新教材的适应性是关键因素。原联合国国际教育发展委员会负责人库姆斯认为,改革决策者和执行者的信念、态度和热情将发挥关键作用。教师要确立正确的教学指导思想,将素质教育的目标落实到每一门课程、每一节课。素质教育的教学意识主要有以下几种。

1. 教学目标的整合、融汇与个性化意识

教学目标的整合是指既要完成"双基"教学,又要注重学生智力的发展和能力的增强;既要强调面向全体学生,使所有学生的素质都在原有基础上得到提高,又要兼顾学生个性品质的塑造,要将"近效目标"与"长远目标"结合起来,构建各学科目标体系。

教学目标的融汇是指建构教学目标时,既要有知识目标,又要有心智和动作技能的目标,还要有情意发展的目标,并且要把这些目标融汇贯彻到整个教学过程和活动之中。教学方法和教学手段要为教学目标的实现服务。教学目标的个性化是指要紧扣学科的主要任务,凸现学科的个性,在目标分解上体现学科特点。

2. 教学质量的多元性、综合性意识

教学质量与教师、教学管理者的人才观、质量观以及价值观有很大关系。现代教学质量评价体系,应在实现素质教育宗旨下,重新认识包括教师教学工作质量、学生的学习质量和教学管理质量。当然,学生的质量是教学质量的核心。传统的教育质量观的主要弊端就是重"智"而轻"德"，而"智"的内容又被严重扭曲为"考分"。升学率高并不一定就是教学质量高，因为升学率仅仅是建立在考试分数基础上，只表示教育质量的一个方面，远非教育质量的全部。

3. 教学效益的有效性、发展性意识

素质教育所追求的是目标与效率统一的高效益。要求教师在正确的教学目标引导下，保证课堂教学能在规定的教学时间内完成规定的教学任务。现在我们教学中一个突出的问题是，教师教得辛苦、学生学得痛苦，而我们的学生却没有得到应有的发展。有效教学理念和意识要求教师特别关注以下几个内容。

● 有效教学关注学生的进步与发展。教师的教学设计与实施，要从"引学"为起点，在学生"想学"的心理基础上展开教学，还要指明学生所要达到的目标和所学的内容，并采用易于学生理解的教学策略与方式进行教学。也就是说，教学的全过程要树立"一切为了学生的发展"的思想。

● 有效教学关注时间与效益的观念。教学效益不能简单理解为"花最少的时间教最多的内容"，也不取决于教师教得如何生动活泼，而取决于单位时间内学生的学习结果与学习过程综合考虑的结果。

● 有效教学关注可测性。教学目标不能用教学目的来替代，也不能泛化，要尽量明确与具体化，以便于作自我检测和他人评定。有效教学既反对拒绝量化，又要反对过于量化。应科学地对待定量与定性、过程与结果的结合，全面地反映学生学业成就与教师的工作表现。

● 有效教学需要教师的反思意识。会反思、善于反思是现代优秀教师的重要标志，要打破自己的教学思维的定势，从学生的反馈、同行们的评价中，经常思考"我的教学效果好吗"，"有没有比我更有效的教学"。

4. 教学主体的过程与宗旨意识

学生在课堂上充分而适宜地体现主体性，是成功地实施素质教育的重要标志。要实现学生的主体性，要从确立学生的主体地位、培养学生主体意识、发展学生主体能力和塑造学生的主体人格等方面入手。在有效行为上，要创造一切条件，让学生主体地位得到充分显示。第一，既要让学生共同参与和人人参与，又要求学生个体的身心全面参与。第二，教学中要生动地体现师生平等的、互动共进的教学过程。师生之间、生生之间在课堂社会化情景中，不断促进知识的生长、智慧的发展以及人际交往的和谐。

关于如何正确认识现代教学中的主体意识，以下案例很生动也很能说明主体意识的本质问题：

没有问题的学生不是好学生

1998 年年底，一个美国科学教育代表团到上海市访问，希望听一堂中学的科学教育的公开课。接待人员安排了一所很有名的重点中学为他们开了一堂高中一年级的物理课。任课教师是一位优秀的特级教师。在教学过程中，教学目标明确，教学内容清晰，教学方法灵活，有理论、有实验；教学过程井然有序，教师问问题，学生回答问题，师生互动，气氛热烈；教师语言准确简练，教学时间安排精当，当老师说"这堂课就上到这里"的时候，下课的铃声正好响起，掌声雷动。可是 5 位美国客人却没有表情。当接待者请他们谈谈他们的感想时，他们的回答出乎我们的意料。他们反问，这堂课老师问问题，学生回答问题，既然老师的问题学生都能回答，这堂课还上它干什么？

他们认为：学生总是充满好奇和疑问的，他们走进教室的时候，带着满脑子的问题。老师在回答他们的过程中，有意通过情景、故事、疑问、破绽等激发学生更多的问题。老师的回答使学生产生更加多的问题，最后老师不得不"投降"："你们的问题我已经回答不了了，我的知识就是那么多，我回去再学习，再准备，下次再来回答你们，你们回去思考，去寻找答案。"学生带着问题走进教室，带着更多的问题走出教室。这就是以问题为纽带的教育。教师并不以知识的传授为目的，而是以激发学生的问题意识、加深问题的深度，探求解决问题的方法，特别是形成自己对解决问题的独立见解为目的。[①]

确立现代教学主体意识，其核心是要树立一种现代科学的"学生观"，树立一种新型的以建构学生主体为核心的主体教育思想。

数学教学的有效教学途径之一是数学知识的生活化处理，以下是上海齐齐哈尔路第一小学分校一位数学老师的五年级《小数应用》说课中部分内容：

我从内容相对简单的天然气费用账单入手，从简单到复杂，由浅入深地让学生在对生活情境的体验中完成信息交流与数量关系的提炼，形成了对"第一阶梯"的概念的认识，明白了"零头转结"的意思，理解了水费账单是由

---

① 袁振国：《问题与答案哪一个更重要？》，《人民教育》2001 年第 4 期，第 8 页。

供水费用和排水费用组成，电费账单是分时计算的等等。这样教学，把教材上静止状态的学习材料转化为动态生成的生活情境，有助于增强学生的学习兴趣，形成对新知的体验，促进其对学习内容的理解。从学生的生活经验和已有知识出发，借助生活中的实例获取信息，处理信息，让学生感受到数学的趣味和作用，体验到生活离不开数学，并且使学生能更好地用数学活动经验解决生活中的实际问题，达到事半功倍的数学效果。

5. 个性教学意识

个性教学要着眼于对学生的研究，要以承认差异、承认个性的存在，鼓励个性的发展的视角来研究学生。面向全体学生的教育，最后都要落在带有各自身心特点的每一位学生身上。从学生的个性出发来考虑学生的发展，鼓励并培养学生独立的人格（如承认自我、相信自我、发展自我），发展学生的个性才能，从而使每个学生都能在原有基础上，提高自身的整体素质。在具体教学行为上，就是要创造条件，因材施教，发展每个学生的特点、强项和闪光点。

另一方面，教师也要有个性，即要求每个教师具备自身的个性素质和个性品质。教师的个性表现在教学上，是教学风格与教学方法的个性化，要承认教学中教与学双边个性存在的价值，承认个性存在，鼓励个性发展。

启迪点

1. 现代教学理念认为：教学不仅仅是艺术，更是科学，即教学不仅有科学的基础，而且还可以用科学的方法来研究。人们开始关注教学的哲学、心理学、社会学的理论基础，以及如何用观察、实践等科学方法来研究教学问题。

就这样，教学研究者提出了"有效教学"问题，上述文中提出的"五个关注"，体现了现代教学立意上的周全性和整体性，理应作为青年教师构建科学性与艺术性课堂的指导思想和行动指南。

2. 青年教师的课堂不宜在"重走老教师课堂路径"上停滞，在适应期和成长期内，青年教师务必把"核心素养"与"有效教学"作为课堂教学设计的指导思想，并将它融入专业成长的要素之中。

3. 有效教学应沿着如下三个问题展开思索和实践：一是怎么样的教学会变得有效？自己目前尚有哪些缺乏有效教学的理念？二是如何上好有效教学的课？自己还要采取哪些对应的变革？三是作为新教师自己可以从哪些方面展开关于有效教学的

实践研究?

🙂 **反思点**

1. 现代教学的观念和改革中的做法,对青年教师来说不仅有学习的必要,而且还要见诸行动中。青年教师一旦将观念变成自己教学中的某种"信念",就应当自觉地对传统的教学经验以及从老教师身上学到的备课和授课技能作一番审视和改革,以便走出一条符合时代要求和现代教学所需要的课堂教改之路。

2. 其实,有效教学最重要的是关注"两个发展":一是有效地促进学生发展。二是有效地促进教师发展。学生的发展自然是看三维目标的达成度的顺畅和有效性。有的青年教师误以为阅读课程标准或教学参考资料并将其抄录到教案中,便完成了"教学目标"的构思与获得。这是极为肤浅的认识,因为从"目标"的发现、明白到理解,再到课堂教学的实施,至少又需要把握如下几个关节点:一是正确解读和内化教学目标全部内涵,这需要一个学习过程和目标初定后的实施验证以及反思过程;二是基于"目标"的教学经历,还必须走出若干认识的误区,如把"知识与技能"目标孤立于"促进核心素养的发展"之外的纯"知识点和技能动作行为";把"过程与方法"误解为教师自我认定的、作为现场指导学生学习的具体方法,而忽视了本学科自身固有的思维路径及其研究的方法。

第三节 基于核心素养的课堂教学

🎯 **学习点**

1. 了解关于核心素养的概念解析,知道核心素养的内容构成和关键词的内涵。

2. 了解学科核心素养的特征,知道核心素养的课堂教学转型的途径与方法。

3. 明白青年教师基于核心素养的备课变革和课堂教学行为取向。

一、关于核心素养

2016 年 9 月中国学生发展核心素养研究成果发布会的相关信息表明,"学生发展核心素养,主要指学生应具备的,能够适应终身发展和社会发展需要的品格和关键能力"。

该项研究成果指出:中国学生发展核心素养以培养"全面发展的人"为核心,分为文化基础、自主发展、社会参与 3 个方面,综合表现为人文底蕴、科学精神、学会学习、健康生活、责任担当、实践创新等六大素养,具体细化为国家认同等 18 个基本要点。各素养之间相互联系、互相补充、相互促进,在不同情境中整体发挥作用。为方便实践应用,将六大素养进一步细化为 18 个基本要点,并对其主要表现进行了描述。根据这一总体框架,可针对学生年龄特点进一步提出各学段学生的具体表现要求。

课题组相关负责人表示,学生发展核心素养是一套经过系统设计的育人目标框架,其落实需要从整体上推动各教育环节的变革,最终形成以学生发展为核心的完整育人体系;今后将通过课程设计、教学实践、教育评价等 3 个方面进行落实。

比如,今后学生发展核心素养将成为课程设计的依据和出发点,引领和促进教师的专业发展,帮助学生明确未来的发展方向;作为检验和评价教育质量的重要依据,核心素养将明确学生完成不同学段、不同年级、不同学科学习内容后应该达到的程度要求。

核心素养的 3 个方面、6 个素养、18 个基本要点示意图:

核心素养示意图

全面发展的 3 个方面,6 个素养结构图:

以上二图取自《中国学生发展核心素养研究成果报告》。

全面发展结构图

　　为什么在核心素养中要突出品格和能力？余文森教授在他的新著《核心素养导向的课堂教学》专著中指出："这是因为品格（必备品格）是一个人的根基，是幸福人生（道德人生）的基石；能力（关键能力）是一个人做事的根基，是成功人事（智慧人生）的基石。品格是人作为主体最富有人性的一种本质力量，内蕴着人的道德性、精神性与利他性；能力则是人作为主体最引以为傲的一种本质力量，内蕴着人的创造性、能动性和内发性。"[①]

　　关于核心素养有学者对此有进一步的解释，华东师范大学课程与教学研究所副所长杨向东教授，在2017年11月3日至4日举行的第15届上海国际课程论坛上，做了题为"关于核心素养的若干概念和命题的辨析"报告，他指出："只有将素养理解为知识、技能、态度、价值观念、个性特征、生活环境的综合体，才符合今天所指的素养的内涵。"他又进一步指出："这里的素养不仅仅是思维，还包括价值观念、方法、道德品质、责任心、人际互动等等。""这些综合在一起的东西就是我们讲的素养。""情境才是我们素养培养的载体。"

　　二、关于学科核心素养

　　学科是培养学生核心素养的载体，同时需要课程、教学和评价等方面让核心素养真正落地。余文森教授的《核心素养导向的课堂教学》对学科核心素养有专论介绍，现

[①] 余文森著：《核心素养导向的课堂教学》，上海教育出版社，2017年7月版，第14页。

将主要内容整理如下：

1. 学科核心素养的特征

（1）学科性。

学科素养是学科本质与教育价值的体现，它源自于学科的本质、性质、特点、功能和任务。

什么是学科本质？"学科本质即一门学科的根本属性，主要从以下几个方面体现出来。一是学科研究对象和基本问题；二是核心的学科概念与范畴；三是基本的学科方法与思想，其核心是学科思维方式；四是核心的学科价值与精神。"

什么是教育价值？它指的是学科独特的育人价值和功能。关于学科育人价值，我们既要注重全面性，又要凸现其独特性。研究学科核心素养必需的精神特质是什么，这样的精神特质对于学生的发展来说究竟意味着什么。

（2）科学性。

科学性有两层含义：一是规律性，即学科核心素养的提炼必须符合学生身心发展规律，遵循可接受性原则；二是准确性，学科核心素养的内容表述必须准确无误，不会产生歧义和随心所欲的解释，以便教师可以很清晰地以之指导自己的实践。

（3）教育性学科的核心素养是通过学科教育获得的，是最能体现学科价值的关键素养，是学科固有的，通过学习形成能力和终身发展所必备的思维。

（4）人本性学科核心素养是为了人的、属于人的、基于人的、以人为本的、对人是有价值和意义的。对个体而言，学科核心素养可以满足学生今后学习、工作和生活的需要；对社会而言，可以满足社会的健康发展和持续进步的需要。

总之，学科核心素养的提炼必须体现以下四个原则：反映学科本质和教育价值、内涵清晰、可教可学、对个体与社会有积极意义。

2. 学科核心素养的例证

余文森教授在其专著中还指出："学科核心素养是学科本质和学科育人价值的体现，学科及其教学对人的必备品格和关键能力的形成和发展起到了独特作用。"余文森教授还列举了高中课程标准（修订）所提炼的各学科核心素养分别为：

学科	核心素养
语文	语言建构与运用、思维发展与提升、审美鉴赏与创造、文化传承与理解
数学	数学抽象、逻辑推理、数学建模、直观想象、数学运算、数据分析

学科	核心素养
物理	物理观念、科学思维、实验探究、科学态度与责任
化学	宏观辨识与微观探析、变化观念与平衡思想、证据推理与模型认知、实验探究与创新意识、科学精神与社会责任
生物	生命观念、理性思维、科学探究、社会责任
历史	唯物史观、时空观念、史料实证、历史解释、家国情怀
地理	人地协调观念、综合思维、区域认知、地理实践力
政治	政治认同、理性精神、法治意识、公共参与
信息技术	信息意识、计算思维、数学化学习与创新、信息社会责任
通用技术	技术意识、工程思维、创新设计、图样表达、物化能力
体育与健康	运动能力、健康行为、体育品德
美术	图像识读、美术表现、审美判断、创意实践、文化理解
音乐	自主音乐需要、实践能力、情感体验、文化理解
艺术	感知能力、审美情趣、创意表达
外语	语言能力、文化品格、思维品质、学习能力

三、基于核心素养的课堂教学转型

华东师大终身教授钟启泉在《新教育》杂志科研版 2017 年第 1 期上发表题为《打造有效教学实践研究的学习共同体》的文章,对核心素养背景下的课堂教学提出几点很精辟的论点,现整理如下:

观点之一:学生核心素养培养,要兼顾学科素养和跨学科素养的培养,尤其不能以一个个学料为中心,各自为政。

观点之二:核心素养导向下的课堂转型,要注意实质上而不是形式上的转型。

观点之三:要坚持不懈进行实践研究,尤其要给孩子参与和发展的空间,让每个孩子都能走向成功。

可见,指向核心素养的课堂转型是一项系统工程,既要有坚持不懈的实践性探索和研究,又要实实在在地把学生自主发展作为重中之重;既要摆脱学科单向行动,又要使全体从教者有丰富的知识储备和思维创新的能力。

中国教育学会副会长尹后庆对核心素养的学科教学有过非常精准的描述:“教学内容中的学科知识都是学生精神与德性发展、升华的智力基础;教学的组织形式对学生形成合作与互助的品质起到潜移默化的作用；教学过程所营造的自由民主平等的氛围，对学生形成创新精神和对真理追求的品性起到重要作用；教师在教学中严谨的治学态度和敬业精神，以及教师在学校生活中体现的人生准则和处世规范，可以成为学生的示范和榜样。"

下面以小学语文与数学两门学科为例，了解一下优秀教师对核心素养的学科教学是如何认识的：

江苏省小学特级教师潘文彬在《中小学教师培训》杂志 2017 年第 7 期发表的《指向核心素养的语文教学》一文中指出："指向核心素养的语文教学尊重学生，激励学生，发展学生，使学生通过语文的学习：能够涵育语文情感，酿造语文核心素养的浓度；习得语文知识，校准语文核心素养的宽度；掌握语文方法，延伸语文核心素养的长度；砥砺语言能力，垫起语文核心素养的高度。"

安徽省特级教师曹洪辉在《中小学教师培育》2017 年第 9 期发表的《基于核心素养的数学导学实践探讨》一文中认为：

"必须落实好包括知识、方法、思维和文化在内的四个层面。"

"第一层面的知识基础教学，这是最清晰、最容易被人感知的，借助知识教学落实核心素养也是最困难的。所以将知识点形成体系看作是落实核心素养的重要途径。"

"第二层面的技能方法教学，体现的是学生对知识的内化、联系和总结，技能性方法论教学是学生在教师引导下通过探究、整合、总结后对现有知识的一次梳理，更贴近核心素养的指向。"

"第三层次的数学思维教学，突出的是思维方式和思维品质，要逐步成为学生综合解决包括数学本身之外的一切问题的一种本能，更迈向核心素养关于必备的品格和关键能力的本质。"

"第四层次走向核心素养的学科文化的教学，强调数学精神文化实质是将数学特质融入学生日常的生活或活动中，形成学生为人处世、参与社会实践的基本态度和必要手段，这就是学生必备品格和关键能力。"

四、青年教师基于核心素养的备课变革和课堂教学行动

基于核心素养导向的课堂教学研究和实践，已成为当前教育改革的主旋律，因此青年教师应当尽早地在习得课堂教学技能的同时，要紧跟当前热点问题的研究。新上岗的青年教师在见习阶段，首先面对的是如何在带教教师的指导下，按要求上好自己

所承担的每一节课,并在这个过程中加强学习课程理念,接纳新教学观点,习得课堂教学基本功。其次是在见习阶段和适应期内,还要紧跟区、校的教改行动和参加校本研修活动,边学习边实践以便和教师团队共同成长。现在上海基础教育的热点话题是"有效教学"和"核心素养",前者已经历时若干年,后者则自 2017 年起在全市中小学全面推进。

因此,这两项研究与实践对于广大在职教师而言,在理性认识和实践经验上都处于起步阶段。青年教师参与这两项热点问题的研究和实践,显然难以找到学习的样板,必须和其他教师同步前行。

青年教师,尤其新上岗的见习教师没有"教学历程"固化经验的桎梏,更容易接纳新的教学观和育人观,只要努力用新观念去重构课堂,在核心素养导向下的课堂教学研究与实践中应用,会有更多的收获。

青年教师要构建核心素养有效课堂,尤其要注重从如下几方面进行突破性改革:

一是用"核心素养"和"有效教学"的最新研究成果,重新审视育人模式和课堂教学策略及方法;尤其要加强对本学科的学科思想、学科特点和学科思维的认识与研究,将核心素养的育人理念融入并深化课堂教学。

二是在教学过程中要彻底更新教与学的协同关系,给学生留出充分的学习空间,包括思考空间、表达空间、交往空间和实践空间;留给学生的时空应该是"自主、合作、探究学习的时空",有了这样的时空,学生的核心素养的学科化形成才能"落地生根"。

三是教法设计要确立基于学情、立足学法、以"学"来"教"的指导思想,努力创设角色互换、教学相长、师生共同成长的学习共同体。

四是要将上述的新观念、新认识,落实到个体与群体协同的备课活动中,在全新的教与学的研究与行动中促进自身的专业成长与发展。

📝 启迪点

1. 核心素养其实是知识、技能和态度的综合表现。"素养"比"知识"和"技能"更宽广,是一个复杂的结构。它并非是单一维度的,而是多元维度的,需要通过各教育阶段、不同学科教学加以培养。

2. 应该说三维目标与核心素养并不矛盾,核心素养来自三维目标又高于三维目标。三维目标中的"过程与方法"的对象是学生,是学生学习的经历与体验,而这些并非是素养本身,只是走向素养的"桥梁",还需要学科的活动,让学生再经历"自主、合作、探究学习"来促成核心素养。

3. 核心素养的培养更加侧重学生的探究与体验,侧重学生在外界引导下的自我发展、自我超越的过程。

反思点

《礼记·学记》云:"记问之学,不足以为人师。"意思是只记诵书本,自己没有己见和想法,这样的人不足以给人当老师。教师拥有知识,还要拥有智慧,才能教给学生知识,启迪学生智慧。

同样,教师唯有素养才能培养素养。在推进核心素养的课堂教学研究中,提高教师自身素养就显得非常迫切。教师的学科素养应走向深刻性、广博性;教育素养应该更关注信息素养、跨学科素养和创新素养。

技能编

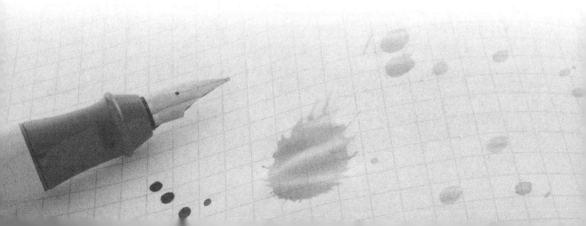

第三章 备课全方位

第一节 "三识"备课与青年教师的专业成长

学习点

1. 了解并熟知备课的"初识—再识—全识"三个阶段的认识、理解与行为跟进的论述，理解教师专业成长和不同时期备课的密切相关性。

2. 学习并领悟本节关于教师成长历程中不同阶段的对备课的认识、理解的分析。

备课是教师课前所做的准备工作。教学是一种有目的、有计划的活动，它既有明确的意向又有大致的规范，因此在上课之前，教师必须做好充分准备，通过在头脑中构思再形成书面的上课计划，这就是教案。也就是说，这种先于课堂教学的计划和准备，就是对备课的最基本认识。

一、见习教师的"初识备课"

见习教师拿到自己所任教的教科书之后，往往会带着强烈的兴趣首先去阅读课文，又带着老教师的指示去了解课程标准，再从教学参考书上浏览许多教学指导意见和建议。这种对备课的初步认识是一个多方介入、多层次的信息输送的过程。

见习教师在任教的初期，由于固有的习惯思维，在"初识备课"中会表现出以下几方面状态：

1. 以阅读教材、解说教材、研究教材为备课思维的第一步，主要表现为解说性语言的准备、为解读相关概念而采集的许多例子，以及初步的教学程式的安排等。

2. 在了解课程标准和教学参考书中的"教学目标"后，尽管也会按新课改所要求的"三维"目标，在教案中作文字表达，但在构思和行动上又会习惯性地把认知与技能目标作为主要追求，而把学生仅仅看作一个为知识、为模仿技能而存在的认识体。

3. 由于明显存在上述备课思维，见习教师的教学初始课程，往往表现出以教师活动为主线的教学程序编排，具体表现为"备"教学程序，"备"标准答案。

这种基于教科书"本体"的思维，也许是由青年教师自己的学生时代的对教学的肤浅认识，以及对新课程、新课堂缺乏深入了解和研究而形成的。

见习教师在"初识备课"阶段的上述三种表现,在不同学科和不同个体身上表现的形式和程度又是不一样的。显然,这是教学初始阶段的一条必经之路。如果你对此有所分析有所感悟,那么就会发现这样的教学存在如下根本性的问题:

其一,如果教师有意无意间把知识和相关技能作为"传递"的中心任务,忽视了最重要的"人"的因素存在,那么学生学的效果和效率就比较差,课后学生"不懂"和"难懂"的反馈就普遍存在,学生之间的学习上的差异也因此加大。

其二,由于教师突出了知识的传递,只注重知识点、重点和难点的教学,缺乏基于本学科知识和能力体系的探究,在识记、模仿和再现的主导下,抽象的书本知识与人的生活世界的联系可能被弱化。

处于初识备课阶段的见习教师在对备课的学习、认识与实践过程中,要对自己"尝试性教学"易出现的问题有清醒的认识:

首先,在被他人告知如何备课和学习他人怎样备课时,要经常提醒和反思自己的备课思路和行为,在备任务、备教材的同时不能轻视或忽视备学生。

其次,要尽早明白教师的备课需要正确的备课观指引,备课是多因素介入的系统的构思与设计的行为。在每一个青年教师的专业成长中,备课是最基础的、最常用的基本功,它将在很大程度上影响着你的教学效果,因此,要把备课研究作为长期进行的专业技能,给予充分重视。

二、适应期青年教师的"再识备课"

见习教师经过一段时期的教学实践活动后,会发现备课并非简单的一堂课前的准备活动,它是一种隐性思维和显性行为的优化组合,具有狭义和广义两种含义。"狭义备课"是指教师为上好一个单元或者一堂课所做的准备,也可称为"课前准备"。狭义备课一般要完成包括研究教学内容、了解学生实践、确立教学目标、选择教学方法和手段、运用相应的教学资源等过程,促使课堂教学实现自定的"三维教学目标"。

广义的备课则指教师为完成教学任务,提高课堂教学有效性,而采取的自我文化修炼和教学改革行动。内容包括丰富和拓展专业知识与技能,增加文化积累,提高教育教学科研能力,进行经验总结和教学反思等。"广义备课"是一个教师终身发展的岗位职责和自我发展的行为追求。

(一)备课思维与备课行为

备课思维是为上课做准备的策略性、谋略性的隐性思维,它既有系统性又有综合性。备课思维背后有多样化的指导理论作支撑,包括课程理论、教学论、学科教育学、学习理论以及方法论、教学策略等。

当这些思维走向成熟，便可将它们有力地转化到授课计划中，写出课时的授课方案，即教案。

备课，主要指备教材、备学生、备教法。而备课中的行为，除了做技术、材料、设备的准备外，主要是"三写"，即写学期（或学年教学进度）计划、写课题（或单元）教学计划、写课时计划（教案）。这样，从备课内容的时间跨度上看，"写学期计划"可称为"学期备课"；"写单元计划"可称为"单元备课"；写"课时计划"可称为"课时备课"。

单元备课是在一个单元或一个课题的教学之前进行的备课，单元备课拟出单元的教学计划。课时备课是根据单元明确的教学目的、任务、要求、重点、难点及其相应教学方法，进一步从每节课的实际出发，认真研究和解决单元备课各项计划的具体落实。

经过若干教学实践活动之后的见习教师应当在"备课行为"上有新的认识，作新的调整：

其一是在自己和教科书之间的"认识—解读—传播"的单一线上的思维基础上，尽快建立按课程要求，帮助学生制定适当的学习目标，并确认和协调达到目标的最佳途径。

其二要注意创设丰富的教学环境，激发学生学习动机，培养学生的学习兴趣。

其三要创造各种条件和便利，在宽容和接纳的氛围中，与学生一起分享学习感受与体验。

（二）自主备课和借鉴备课

备课是教师教学的重要行为之一，新课程改革的不断深入，对学科备课的要求越来越高。适应期青年教师因课时多、工作任务重，有的教师会认为"大量繁重而无效的备课占用了很多时间和精力"。

为什么会认为"无效"或"占用时间"呢？也许是因为别人的提醒和告诫，并没有对备课的"进行时"作什么深入的指导，而造成青年教师有一种"复杂问题被简单化"的厌倦。因此，有必要主张在适应期教师的自主备课。

1. 自主备课

所谓自主备课，就是由教师独立完成的备课，是教师提高教学水平和能力的一个重要过程。教师的"独立备课"、"自主备课"是教学工作一大特点，因为所有的同伴协作和专家指导，最后都落实在教师的个体身上。

青年教师在基于教学实践的专业成长中，坚持独立自主的备课至少有如下几个益处：一是能提高自信心，走独立自主的教学研究之路；二是能在备课中充分体现自我优势和能力范围,备课要求高,影响因素广,每次备课不可能都完美,而每个青年教师都有自己所长、所好,只要开放自己,勤于研究,便可走出自适性、个性化的备课之路。

2. 借鉴备课

借鉴备课是指通过借鉴他人已有的经验,形成自己的备课内容和备课成果。借鉴备课对于青年教师来说是十分有利的,它可以在很大程度上补偿自身的不足,以便尽快使自己成为备课能手。借鉴备课至少能体现如下三个"有利于":一是有利于拓展教师的专业视野,丰富备课的思维方式;二是有利于学习、借鉴前人的备课经验成果来充实和改造自己;三是有利于教师自身备课—授课—评课的基本专业技能的"积淀"和"创新"。

青年教师借鉴备课的形态表现大致有以下几种:

第一是粘贴复制型:当今网络信息中关于学科备课经验和学科的课时教案的内容相当丰富,有关学科类的教案设计在相关的学科教学杂志上也时有刊载。许多青年教师采用"拿来主义"进行全部或部分抄录、剪贴复制。其优点是能省时省力地形成教案,沿用或模仿他人的备课资源中提供的备课方法和内容进行教学。缺点是如果长期全盘使用他人备课经验,便会形成依赖或替代自己的个性化备课,不利于自己的专业成长。

《山西教育(教学)》2015 年第 1 期陈阳的《提高自主备课的有效性》文中指出:"曾经听过一节四年级的"角的度量"课,那位执教教师的教学设计、教学手段、教学方式完全是模仿某位特级教师的。课后,大家都有这样的体会:本节课的教学设计、教学理念虽然都体现了学生的主体作用,但是,课堂教学不扎实,教学效果大打折扣。教师在'走'教案,有其形而无其质。究其原因,主要是我们的教师和学生都适应不了这样的教学设计。"[1]可见,全盘迁移式的教学设计其实际教学效果是很不理想的。

陈阳老师在文章中还写道:"有一种现象,教师们在备课时都喜欢拿一本参考教案,无事便抄,一抄就几课时。如此辛苦抄写的教案,等到上这一课时也就早被忘了,同时,写的教案与实际教学内容也相差甚远。这是一种典型的脱离学生与课堂实际,而为了应付检查的'备教不一致'的备课行为。"也许在部分青年教师中也存在这种现象。

第二是增删修补型:以自己的教学设计为蓝本,参阅他人备课经验和教案,进行"局部"修订、补充和调整。博采信息和集体备课已成为中小学教师备课活动的常态,

---

[1] 陈阳:《提高自主备课的有效性》,《山西教育(教学)》2015 年第 1 期,第 31 页。

经常性借鉴他人经验其优点是可以避免"关门备课"的封闭性和低效劳动，做到常备常新，既能取他人之优，补己之短，又能借他人经验巩固自己的成果，使自己的备课思维走向成熟。采用增删修补型的借鉴备课，教师需要逐步具备自主备课与善于以他人经验为己用的双重心理基础。一要坚持自己独立思考、独立研究的志向；二要反思自己备课的困惑和不足；三既要接纳他人经验为己用，又不能被多样化的相关信息所"淹没"；要把众多资料、资源的采集，作个性化处理，辩证地将自己的教学思想和别人的经验融为一体。

第三是改革创新型：青年教师经过若干年的备课经验的积累，有少数青年教师逐步形成了独立研究备课的能力，在不断定向吸收他人丰富备课经验的基础上，形成个性化颇有创意的备课策略和备课教案的新格局，同时能较好地将自己的备课设计转化为课堂教学实践。

笔者若干年前担任华东师范大学开放教育学院师资远程培训指导教师时，开展过"复制他人的好教案会带来更好的教学效果吗？为什么？"的网上讨论，其中众多教师中有代表性的观点和认识分述如下：

广西隆安县陆老师认为：别人的优秀教学设计，不是不可以用，而是应该知道和注意如何用。不能奉行简单的"拿来主义"，而是一定要在借鉴别人好的东西的基础上，创新地发展自己的东西。什么叫优质教案？我个人觉得，就是既借鉴了他人的成功经验，又提出了自己创新的设计——当然这种创新教案必须符合教学规律和教学实际，才是优质教案。

广西钦州市潘老师说：我觉得这有好与不好两方面，好的方面我们可以借鉴别人的好教案进行教学，很方便。不好的方面我觉得别人的教案不管有多好，那是针对他的学生的，对于我自己的学生就不一定适用。所以我认为别人的好教案是可以借鉴的，但不可以完全复制。

广西钦州市黎老师说：记得去年我参加镇里举办的二年级数学研究课比赛，我和我的同事抽到的是同一课题——《倍的初步认识》。该老师在上课时，原原本本地按照别人的教案来授课，结果使得听课的老师一头雾水，学生也听得一塌糊涂，一点都调动不起学生学习的积极性。

以上三位处在教学一线教师的观点与认识具体而生动，值得参考。

（三）学科特点与备课

处在再识备课阶段的青年教师，除了熟悉备课的程序和要领，知道教案编写的基本格式外，还应当关注基于本学科特点和思维的备课是怎样进行的，以便更好地完成本学科所倡导的课程理念与课程目标,把学科性生动而具体地体现在备课和教学实践中。

具有该学科大专以上学历的教师,也许对学科特点并不陌生,但是长期面对实用性的中小学教科书,可能对学科特点的基本点有所淡忘。比如,语文教学中有的教师为追求情境性,增添了不少学生活动场景,而淡化了作为"工具学科"的基本知识与技能的讲授和训练。再如,政治教学中,有的教师偏重于文化知识的传递,讲"爱护公共财物",仅按"什么是公共财物"、"为什么爱护公共财物"和"怎样爱护公共财物"的结构作"知识传授式"讲解,这样的政治课不仅违背了政治学科自身的特性,也不符合新课改追求的"联系生活实际"和"学生自主参与"的教学意向。

有一位从事多年初中语文教学的教师,当编者问她,语文的人文性与工具性是什么,应当如何认识两者之间的统一性时,这位教师却有些茫然,一时答不上来。

以实验为基础的化学学科"实验"有几层含义,实验教学的新课理念是什么?

数学被称为"思维的体操",析题解题的训练就是"思维的体操"吗?

政治学科中的"德智共生性",物理学科新理念中的"从生活走向物理,从物理走向生活"是宏观理念,还是教学方法和学习方式的指导性变革?

这些问题都是教师在面对课改,重构课堂时必须了解、熟悉甚至要掌握的重大问题。教师在备课、设计教学程序时,如果不深刻认识包括上述问题在内的基础性知识、基本观点以及具有鲜明现代学科教学的价值取向,备课的质量就会受到很大的影响。

具有学科特点的备课,应当如何认识和实施呢?以下以数学政治学科的备课为例作一些说明:

对数学学科来说,备课中不能仅仅关注备教材、备例题、备具体的讲解方法。新课程要求数学教师对数学要有更加全面深刻的认识:数学教学不仅是传授数学知识、技能的教学,而且还应当是以数学思维活动为核心的教学;数学教学不仅是数学活动的教学,还应是再发现、再创造的教学。

思想(政治)品德学科备课,应关注如下"三备":

一是在学生的生活中备课。教育学和心理学研究表明:在教育过程中,只有当外部教育因素触及学生内在精神需求时,才能使教育者处于一种积极的接受状态,从而产生良性的内化过程。思想(政治)品德学科的学科性、生本性备课,应努力做到如下三点:

(1)了解学生生活,力求寓教于需。

(2)关爱学生生活,寓教于情。

（3）感受学生生活，寓教于趣。

二是在教师生活中备课。实践性是思想政治课一大特点，要用生活来验证理论，用现实说明道理，才能将课上得鲜活有实感。政治教师要多听、多看、多记，善于从生活中提取有教育意义的素材，引导学生用丰富的感性材料去理解抽象的事物。

三是在广阔的社会生活中备课。思想政治课需要丰富的时代信息来"滋养"，国内外重大事件、社会上的热点焦点都可选择性地被引入课堂，把政治课置于大社会环境中进行，才能将思想政治课上得更加绚丽多彩。

三、成熟期青年教师的全识备课

有3—5年任教期的青年教师，部分已具备一定的备课审视力和研究能力，对备课思维与备课行为有更全面的认识。对备课的更深层的认识可从以下几个方面分析：

（一）授课前准备的"三个维度"

古人云："凡事预则立，不预则废。"教师要完成教学任务，必须在课前做精心准备，精心设计，这样才能有精彩的课堂教学。

进入成熟阶段的青年教师，在回顾自己的教学实践经历之后，可以发现就教师个人而言，其课前准备可以归纳为如下三个维度：

1. 知识准备

主要内容是：熟悉课程标准，尤其要熟悉本学科的课程标准；钻研教材范本，快速提炼讲授内容；了解教案规范，训练快速写好包括教案基本要点的全部内容，必要时要扩大知识面，适度了解跨学科知识与教学。

2. 理论准备

根据需要可以适当浏览教育学、心理学与学科教学的书籍与刊物，并使它纳入自己的思维系统，以避免在团队备课活动中说外行话，以体现自己应有的教育内涵；适度参阅书上、网上他人的教学设计中的理性思考与表达；适当记住新理念、新课改以及本学科所追求的教学改革的意向中的关键词、核心词语，并将它"消化"到自己的备课活动中去。

3. 心理准备

经过若干循环的备课和教学实践之后的青年教师，仍然需要做好备课和授课的各种心理准备。例如，对于被老教师认可与学生欢迎的教学内容与形式，要用充分的自信心理去作进一步梳理、总结与提高，对存在的困惑和问题要克服自卑感，用再学习、再总结、再实践的实际行动去克服。

（二）备课特点的理性认识

1. 备课的特点

备课是一种中介性的思维活动,它连接着两个源头,一头是教学理论、学习理论,另一头是教学实践。因此,它具有隐性与显性、过程与方法、构思与践行兼备的特点。若作具体分析,可归纳出如下特点:

（1）隐性与显性的关联性

这里的"隐性",主要指隐性思考与构思,是对教什么和如何教的思考,教师需要用系统思想和方法对参与教学过程的各要素及其相互关系作分析与判断。具体地说,就是从"教什么"的内容选择、处理、加工入手,再对学习需要、学习序列和学生进行分析;然后从"怎么教"进入设计,确定具体教学目标,制定行之有效的教学策略与方法,选用恰当的媒体手段,使教学更直观、生动等,这些都是备课思维的组成部分。而"显性",主要指备课思维的行为表达,是在大量的成系统的思考后,被优选和确认的思维的行动化。它表现为教案的撰写和其他教学前的各种准备。隐性与显性两者之间是密切相关的,具有前因与后果、精神与物化之间的内在关系。可见,备课是"系统工程",不能把撰写教案、设计问题视为备课的全部,没有思想上的高度重视,不进行慎重思考,不谨慎而为,写出的教案很可能是不成熟的问题教案。

（2）预设与生成的兼顾性

预设,即预先设计和设定。备课构思和写成教案都处在"预设"内容中,这里的教案相当于工业、建筑业工程师手中的"设计蓝图",但教学前的预设又不完全等同于"蓝图",工程师设计蓝图并不直接进入项目工程的操作性设施,而教师则既是设计者,又是施工者。从时间与内容的跨度上看,学期计划是宏观预设与安排;单元计划或称为单元备课是中观预设与安排;课时计划与备课则是微观的应时预设,它具有更具体的操作性特点。

教师如果过度依据备课时的预设与安排,可能导致教学控制过度,限制了学生的学习的活动和发展。因此,备课与教案设计中,务必给学生预留"空白",这个"空白"包括时间与空间的空白,给学生以生情、激思、探究的"思维空白"。其实,预设与生成是辩证的矛盾统一,两者是互衍、互渗的共同体。过多、过满的预设后的课堂教学是没有生气的,而生动而活泼的生成才会让课堂充满生命活力。

（3）静态与动态的互衍性

"静态"与"动态"是相对而言的,在备课过程中表现是多方面、多维度的:一是指静态的思维活动,包括阅读与思索;动态主要是指写文本与人际交流活动。二是指静态的教学内容，指在准备中被确定的，相对稳定陈述性、讲述性知识的准备，如概念、定理、规律科学表达。动态主要指教学方法与师生活动的预设，它带有较多的现场实施时的机动性与应变性。这种动静的关系，很大程度上是由教师的"蓝图"的设计者与施工者的双重角色所决定的。富有教学经验的教师，其预设的教法和程序操作，会给预设留下对课堂现场变化的更改与应对办法。

无论是个人备课还是集体备课，都处在动静结合、互为衍生之中，没有"静"就没有"动"，有"静"才能衍生"动"，"动"是"静"的必然。"动"中的方法与操作的准备，要体现"人的生成性"，才能让课堂舞台有声有色，精彩纷呈。

（4）个人与团队的协作性

新课程与新课堂教学，要求教师从孤独的个人备课走向团队式集体备课。校本研修中的备课和教师专业发展中的合作交流，给"备课"一词注入了丰富的内涵与外延，学校办学特色要融入课堂、特色教改要引入课堂、课题研究要进入课堂，这些都驱动着个人备课与团队备课协同进行。

2. 备课的辩证观

进入熟练阶段的青年教师，一般具备应对常规教学的能力，对课堂教学的调节能力和控制水平比新手教师高。其中部分青年教师开始从哲理思维的角度来审视备课与上课的关系，用教育学与教学论的理论来研究备课。以下介绍几种备课的辩证思维，对正处于再学习再研究阶段的青年教师会有很大启发：

（1）多与少

荀子说："师术有四，而博习不与焉。尊严而惮，可以为师；耆艾而信，可以为师；诵说而不陵不犯，可以为师；知微而论，可以为师。故师术有四，而博习不与焉。"

在他看来，要成为教师需要具备四个条件，即有尊严而使学生起敬，讲课有条理而不违师法，其见解精深而表达合理，尤其是要掌握广博的知识。

教师要"备多用寡"，备课要有储备，要有"备份"，要像打一场战役一样储备"后备队"和"机动部队"。"薄书教厚"，"厚书也可教薄"，这都是由教材的需要和学生的需求来决定的。"厚"与"薄"之间的转换，一靠教师的智慧，二靠知识的储备。千万不要养成一种"用多少备多少"的习惯，倘若长期这样，你只能是实用主义的教书匠，变成没有多少内涵的功利性教师。"备多"可以贮存于人脑和电脑中，可以存在自己的案头和本本里，用时不会嫌少。

（2）人与物

影响教学的因素众多，教师、学生、教材、教学环境是其中最主要的四大因素，在此也可归类为人与物的关系。我们常说"教材是死的，人是活的"，"教具是死的，但驾驭教具的人是活的"，这实际上在说人与物的关系。

教材是科学知识加上教育学、心理学处理之后的产物，是编著者育人理念的寄托。教材只能以通用的、常规的方式方法，通过文字与图象的组合来表达知识。

教师有权驾驭教材，开发教材，甚至可以二度改造教材，这是新课程所倡导的。教师要变"教教材"为"用教材"，也就是说教师有处置、处理，甚至局部增删教材的权利，当然你首先要有这种本领才行。教材是"物"，学生与教师是"人"。师生共同使用与开发教材时，显然要因人而异，在教的过程中适应人，人际互动中让教材为师生所用。

教师常说备课要备学生，好教师备教材更备人。备人就是备自适式教法，体现在不以教材定方法，不以教法定学法，而应以学法选教法、定教法。可见，师生的"人与人"之间关系更重于人与教材"物"的关系。

（3）静与动

备课主要运用了静态的隐性思维，上课运用的是动态的师生交互性思维；没有前者的宁静与深思，就很难有上课的激荡和升腾。备课的静思也不只是无声的激跃，它需要激思、生智，需博览、笔耕，需要动手设计、制作。走大备课和智慧备课之路，便会迎来课堂上师生的精彩互动和角色的互换。独自守护、固步自封这种传统的个体化备课已经被打破，只有合作备课、推进研修才能实现资源共享、优势互补。

（4）虚与实

备课要虚实结合，不是有"实"无"虚"，也不能就"虚"避"实"。所谓"虚"是指对备课新理念的构建，备课指导思想的确立，教学过程的理性解读等。备课不能只会"去做"，不知"为何"或"缘何"去做；备课要能说出"为什么"，说出理由。

所谓"实"是教学内容的本身，务求抓住实实在在的知识点和体系，重在以完成教学任务为宗旨的备课。但是如果只务"实"，教学往往会缺乏高度，缺少前瞻性，无法从整体上把握教材与驾驭教材。过多地陷入技术性与方法性的教学的设计，势必造成短视行为和追求及时效应，这显然不是新课堂所追求的。因此，备课应当有虚有实，虚实结合。

（三）洞察名师备课的奥秘

名师是专家型教师，他（她）们有如下不同程度的共同的特征：一般有较长的教龄，有强烈的事业心和稳定的内在工作动机；有丰富教学经验的积累和个性化的教学特色；有丰富的组织化专门知识、有发现教学问题的洞察力和高效解决教学问题的能力。

青年教师要开启备课研究的更加深层领域时，应该将本校本地区的名师、特级教师作为学习榜样，使自己尽快成为教学能手和熟手。以下对名师的备课特征做些简介：

1. 从关注学生的需求开始备课

从不关注教学对象，就不可能出现有效教学。学生的真实状态是课堂教学一切活动的出发点，这个"出发点"就是学生的认识基础，包括已有的技能、心理特点等方面。尤其是新课程把学生情感、兴趣等非智力因素也纳入课程理念中，课程的"生活化"的价值取向，要求教学活动从学生的原生态出发，把知识与生活以及体验结合起来。著名的语文特级教师于漪说："学生的群体有时代特征，他们对语文的认识、要求、爱好、追求有共同的一面，要抽象出其中的共性深入研究……就整体来说，研究深入下去，会发现和挖掘出学语文的智力富矿……至于个体的研究内容更是丰富，每个学生的内在素质和性格兴趣相异，能力不同，爱好与需求有别，语文教学坚持从他们的实际出发，不迷信'本本'，因材施材，道而弗牵，学生在学习中才能真正发挥主人翁作用，个性与特长才能得到充分发展。[①]"

江苏小学教学特级教师夏青峰，在其《备课是有技巧的预设框框》论文中，对学生"怎么学"作出更为细致周到的思考与设计，他提出的一系列追问，值得我们学习："学生头脑有多少数字，我们知道吗？""我们关注学生的'街头数字'了吗？""我有意识地就今天、明天的数学学习内容和他们聊聊了吗？""学习'角'了，学生的头脑中早已有'角'的知识了，两个'角'一样吗？"。

也许，我们的教学会习惯性地从"零起点"开始预设，把学生当成一张白张，一个容器，用应然代替实然，那么这样的教学不仅费力而且是低效的。

把关注学生的需要作为备课的前提，还要求教师进行换位思考，扮演一次学生的角色，以便指导学生进入教材的文本。小学语文教学中，经常假定"我是孩子"的角色，在与学生接触时，你会发现儿童的阅读心理与成人有很大差异。李吉林的《孩子的眼睛》一文中有这样一段生动的描述："孩子看山，好像山洼里会走出一个白胡子老爷爷，坐下来跟他说故事。孩子看云，云儿在飘，好像大白马在草原上奔跑，咦，马儿跪下来，还等着他骑呢……"孩子的想象力是纯粹而自然的，从中会产生许多童话故事。如果我们的备课把孩子的眼睛与心灵世界激活了，那么课堂教学就会增添许多童趣，从而便于孩子接受和体验。

---

① 于漪著：《于漪语文教育论集》，人民教育出版社，1996年版，第48页。

浙江省小学语文特级教师张化万对于基于学情的备课有如下精彩的论述："备课前,特别上课前要复查,找自己班级或同年级班学生询问,了解他们的兴趣点、困难点和认知冲突点,翻阅前课的反思记录。听听、看看、问问和想想:学生现在认知水平在哪里?他们和文本、和老师的教学、群体学习会有哪些距离?本课教案设计适合他们的喜闻乐见的学习方式是什么?在完成教学目标时,在文本学习和训练中,他们的困难是什么?该准备哪些台阶帮助他们走上来?班级的差异有多大?差异怎样才会变成教学的资源?怎样设置和布置多层次作业,学生才会喜欢和有效?教学预设的所有重要问题和过程,都要假设学生的各种反应、学生可能出现的困难,都要准备教学受阻的解决办法,准备出现意外时的引导办法。重要的训练都该自己做一做,踏踏路,踩踩点。预设越充分,课堂的意外就越能成为生成的契机。

可见,名师们在备课过程中都特别重视了解学生,把学生看成备课资源,从中吸取素材,获得教学的起点。如果我们的教师也沿着"学生已经知道了什么,学生是怎么想的,学生喜欢怎样的学习"的思路去设计课堂教学,那么这样的课程一定深受学生的欢迎。

2. 把研读教材看成备课的核心环节

教材是以课程标准为依据来编写的,它是教师教与学生学之间的中介。教师必须钻研教材,把握教材内容的系统性,遵循教材的逻辑性,保证教学内容的科学性。同时教师钻研教材的目的还在于驾驭教材,对教材进行二次开发。无论是传统的"教教材",还是现在倡导的"用教材教"都无法摒弃教材的"文本"作用。

许多名师都看重教材,对教材的地位与作用有各自独到的见解。著名的情境教学法的倡导者李吉林老师指出:"搞戏剧的人有句行话,叫做'剧本、剧本,一剧之本'。情境教学同样以教材为本,备课开始就要反复阅读教材,必要时还要朗读教材。""最要紧的是教材蕴含的思想,教师必须揣摩清楚这篇文章着意表现什么,即教师必须以掌握教材为中心。"

在对语文课文的认识上,全国优秀语文教师李镇西在他的《教育所思》的著作中指出:"许多教师习惯把课文当作圣经而不是'例子',不敢越教材的雷池一步,甚至如果有一道练习题没有讲到,心里都不踏实。""既然'课文不过是例子',为什么不可以不用这个例子而另外换个例子呢?与迷信课文相关联系的是迷信教参。教参说某篇课文分为三部分,有的教师绝对不会给学生说可以分四段。"

小学语文特级教师靳家彦《备课五字诀》一文中有如下一段关于钻研教材的陈述:

执教四十余载，备课小有心得。概括成五字诀，即：钻、参、联、选、写。这五个字，既是备课流程，也是常态方法。

钻：即钻研，备课如同打井，只有深钻，才能得水。我在备一课时，总要先放声诵读，一丝不苟，反复吟咏，口诵心惟，如朱熹所言"使其言皆若出于吾之口"，"使其意皆若出于吾之心"。如《林海》一课，老舍先生描写大兴安岭的"岭"时，写道：这里的岭的确很多，……可是没有一条使人想起"云横秦岭"那种险句。"云横秦岭"明明是一个词，作者为什么说是险"句"？这"句"究竟是哪句？查阅大量资料始知韩愈在《左迁至蓝关示侄孙湘》一诗中有"云横秦岭家何在？雪拥蓝关马不前"句，这句还不险吗？故云"险句"。这种由此及彼，一追到底的方式，既是备课，也是进修。

参：即参考，除了教材之外，备课要参考大量的资料。大至原著、出版，小至一词一句，都要胸中有数，明明白白。决不可以己昏昏，使人昭昭。如备《珍珠鸟》时，我除了查阅有关珍珠鸟的大量参考资料外，还登门访问了冯骥才先生，请他介绍创作意图和经过，进一步深入领会了"信赖，往往创造出美好境界"的深刻含义。

上述若干例子，说明名师们看重教材的同时，又不会迷信教材，他们更讲究自己教的风格，追求自己的教学的灵气和活力。

名师们的经验告诉我们：掌握教材和驾驭教材是备好课的首要条件。教材仅仅是例子，你完全可以超越它。参考书写得再具体、再详细，也不能代替自己对教材的钻研。

3. 把教法看成教学的灵魂

对于名师来说，备课是一项充满个性的创造性的活动，每个名师对教材的钻研，对学生的了解，对教法的设计以及对教学资源的开发利用，最终都呈现在他的精彩的教学方法上。精备教法，实施有效教学是名师们共同的特色。

读教材或研读教材是为了从中提炼教法，了解学生或熟悉学生，也是为了找到适合学生的学法。于漪老师认为："备课时，教材要拿来为我所用，从学生实际出发，选择恰当的方法，启发、引导、组织学生开展读、写、听、说训练。教有法而无定法，选择什么方法最有效，教师完全可从充分发挥自己的聪明才智，完全可以匠心独运。"

名师的教法多种多样，这些教法都是名师多年实践经验的结晶。例如，情感教学的研究中,卢家楣教授的情感教学模式和著名的小学特级教师李吉林的以"情"为经,以"境"为纬,以具体的生活环境的创设所创造的"情境教学",都是具有人性化教学影响力的教法,至今在教改领域仍产生广泛的示范性和辐射力。

我们要认真关注的是,教法选择是基于教材的个性化选择,是基于对学生熟悉的一种创造。每个教师都可以在引进一种名师教法时,作出自适性处理,只有这样才能产生"教法得当"的效果。

📝 启迪点

1. 从初识备课、再识备课到全识备课,是一架认识的阶梯,是螺旋状上升的阶梯;是从初始的把"备课—教学"当成线性思维过程,到全识备课中的立体思维的再造。备课要前瞻与后顾,要向上仰视与向下俯视相结合,备课是循环,但不是在一个层面上的循环;青年教师的教学方面的核心专业技能,就是在这个阶梯式的循环中走向成熟的。

2. 三个阶段的备课思维的归纳,是以青年教师实践中的认知和教学认识论解构式说明为基础的,从见习教师到适应期教师以及走向初步成熟的青年教师都可从中找到学习点和思悟点。

3. 名师备课各有窍门但并不神秘。每个优秀教师之所以优秀,是因为遵循了某种教育规律,并在经验积累与反思中悟出一个个成功的备课经验。

😊 反思点

1. 青年教师学习备课理念和知识,习得备课技能,不是靠累积和叠加获取的,而是需要在批判中吸取别人的经验,需要结合自身特点的创造性磨砺前行。

2. 学习备课、践行备课要在大量教学实践中进行,借鉴是一种捷径,但借鉴不能走入误区,否则将事倍功半。

第二节　备课的项目化程序"路径图"

🔍 学习点

1. 了解并熟悉不同思维层次背景下的思维的路径,知道基于目标、基于教材、基于学情和基于自我的"四大备课支柱"的观点和内涵。

2. 深入认识"基于自我的备课"中的"解剖自我—塑造自我—超越自我"的三维自我修炼式备课的深刻内涵,明白备课个体差异的主要因素。

通过对备课的初识、再识和全识，我们已经全览了备课的方方面面，当我们进入备课实质性构思和操作程序时，就要启动若干个备课的项目。如果把项目的实施看成路径的话，那么不同思维下的备课路径是不一样的。

一、"三备"的基本路径

这是一种"材料—对象—方法"的三位一体化的备课程序，其优点是抓住了课堂教学的三个最基本要素，作课前的设计、构思和安排。"三备"的说法和做法在中小学教研活动中很流行，但仔细推敲一下会发现备课思维和行动其实是复杂而系统的，既有高位审视和要素分析的组合，又有系统化统筹的过程。

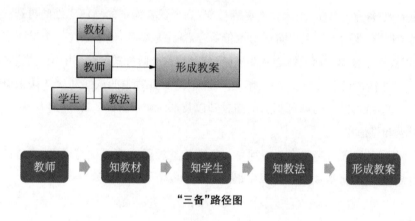

"三备"路径图

二、"五备"的系统路径——"备学生、备任务、备目标、备检测、备过程"

这是盛群力、马兰两位教授在《试论系统设计教学中的备课程序》一文中提出的。作者从系统教学理论出发，提出了新的备课程序：洞察学情、聚焦任务、陈述目标、配置检测和安排过程，简称"五备"①。

1. 备学生——学生的学习需求是教学的出发点和落脚点。要全面了解学生"实际是什么"，再推进到"应该是什么"的境界。

2. 备任务——教材内容是载体，任务则是目的。用备任务取代备教材是把"为学习设计教学"放在更重要的位置，把教学目标转化为学习任务，并进行分门别类的处理。

3. 备目标——备目标，主要指备课时如何陈述具体的教学目标。"目标"首先来自于本学科课程标准，具体的章节目标往往可以在教学参考书中找到。陈述目标的前

---

① 盛群力，马兰：《试论系统设计教学中的备课程序》，《教育研究》2001 年第 5 期，第 67—71 页。

提是理解和解读目标,把目标具体化、操作化到学生获得什么、体验和感受什么,掌握或运用怎样的技能等,然后在此基础上建立任务驱动下的教学行为安排。关于目标应有如下几个要求:(1)教学目标中的主体是学生,是指学生"学习"的目标,而不是教师教的安排;(2)教学目标不宜简单地从"课标"和教学参考书中照抄;(3)目标表述应当用具备可观察、可检测、可操作的句子。

4. 备检测——主要指检测项目,其功能并不局限于学生学业评定,而更重要的是诊断教学效果,调查疏漏之处,以便随堂或课后补救。检测是一种自我检验的过程性评价,一般通过小而简单的问题、练习或试题进行。

5. 备过程——这里的"过程"内容十分丰富,例如教学途径、教学内容与安排、授课策略与媒体的使用以及教学组织形式等等。

"五备"路径能形成多要素思考的备课设计。

A. 项目推进

B. 操作程序

"五备"路径图

三、备课"四大支柱"的程序化路径

有教学研究者认为：备课中目标是导向、教材是依据、学情是基础，而教师的自我应被看成备课的内驱力因素，因此提出了备课四大支柱的观点与解说。

其程序结构分别解说如下：

1. 基于目标的备课

（1）解读课程标准——了解"课标"项目构成——熟悉其中的学段和单元的学习要求与建议。

（2）课程理念与学科素养——理解各学科课改中共同的价值追求——把基于本学科的课程理念意识贯穿到备课过程之中——从学科理念中洞察学科素养——在教学设计与实践中给予渗透式贯彻。

（3）把学科课程目标转化、细化为教学"三维目标"——明确学习主体"要到哪里去"和"如何到哪里"的问题——通过交流、合作和渗透"情感态度与价值观"目标。

2. 基于教材的备课：

（1）解读教材——理清教材的特点和学科特点——形成针对教材特点的教学方法。

（2）吃透教材——理解编者意图——理清教材线索和知识系统——探究教材重点、难点和讲练结合点——努力探究教材深度、广度和密度。

（3）驾驭教材——改造教材与重组教材——把教材看成"一种例子"、"一个经验"，实施基于教材的教师个人或群体的再创造。

3. 基于学情的备课

（1）学生"实际是什么"——了解学生知识和能力基础（已经能做什么、说什么、写什么、算什么、读什么等）——知晓学生心理特征和学习态度等。

（2）希望达到的学习状态（应该是什么）——预测学生的认知、情感、态度或心理等方面应达到的结果与状态。

（3）学习需要分析——期望达到学习状态——目前的学习状况、差距（学习需要）。

4. 基于自我的备课

青年教师在学习如何备课的实践过程中，逐步积累了经过独立动作后的备课经验，这种经验仍处于初步的和不稳定的阶段，需要认真分析影响自我备好课和上好课的各种因素，以便让自己的专业技能尽快走向成熟。

（1）解剖自我

首先要发现影响自我的备课因素。

备课中制约教学设计的主观因素主要有：

——学习和接受新课程与新课堂理念的程度与将其内化于备课与施教的能力。

——教育教学与学习理论知识的储备状况。

——备课教案的预设和课堂现场的语言表达能力。

——以备课为基础的课堂教学经验积累与研究能力。

——多媒体的制作与应用于课堂教学的能力。

——教师自身在备课中所显现的长处和短处。

以上这些因素都在不同层面上影响着备课的进行和课堂教学的实施,因此青年教师在自我修炼中务必经常用以上六个要素作对照,可以将六要素齐头并进地提高,也可以有所侧重去发展。

其次是要认识自己的特点,发现自己的所长所短。

青年教师有的以"语言"见长;有的以情感丰富见长;有的以"博"见长;有的以直观"板书"见长;还有的以应用现代信息技术见长等等。总之每位青年教师要充分认识自己长与短、巧与拙,在选择教法和应用某种教学程序或手段中,要扬长避短、就实避虚,实现自我的最优化设计与教学。

（2）塑造自我

塑造自我是指青年教师要把备课的基本要求作为自我成长的检验标准,形成基于自我特点的备课基本功,这是走向合格教师的第一步。

塑造自我还指在备课活动中,要"知与行"并进,"思与悟"结伴而行。教师的教学有很强的实践性,备课的预设要在课堂实践中去检验,而这种"检验"又是双向的,要把学生的反馈与自我的反思联系起来,才能在学生面前、课堂之中塑造成功的教师形象。

（3）超越自我

超越自我是解剖自我和塑造自我之后的,有高位目标追求的和有教学风格的备课境界。

超越自我要求青年教师要有自己的职业生涯规划,要有一个愿景和实现愿景的过程,要借助备课的学习与创造,逐步形成基于自我的个性化备课与上课风格。

教学风格是教师在教学艺术上成熟的标志,是由自我个性化的教学升华而成的。要具备风格,首先从备课开始。著名的特级教师窦桂梅在谈到教师的成长时提出了关于"伸展个性"问题,她指出:"随波逐流,循规蹈矩是自己成长的最大敌人。'独立之思想,自由之精神'应成为我们为师的座右铭。对自己的教学,不要考虑完善,要考虑最有特色。"

基于自我的备课是一种技能习得背后的人文素养循环式的升华：

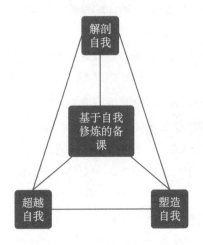

📝 **启迪点**

1. 备课活动中思维在先，行动在后；构思是逻辑性的，行动是操作性的。从"三备"到"五备"再到备课"四大支柱"的思维与操作，其实是反映了备课思维与行动组合的层级关系。

2. 备课质量基于对备课认识的深浅程度，更基于备课认识的理性化之后的行动转化能力。"项目化程序"既是逻辑程序又是操作程序，逻辑程序若认识肤浅，尤其对各程序之间缺乏内在联系的深度思考，那么操作程序之效果也必然减弱。

3. 一堂好课基于一次深思熟虑的备课，一次备课如果只有理性化思考，而缺乏与之呼应的备课行为的"跟进"，那么课堂教学仍然达不到理想状态，因为预则立，不预则废。

🔧 **反思点**

1.《中国教育报》的人教版教材培训网在 2017 年 8 月 24 日发文谈新教师如何上开学第一课，一定要走好这"四步"时，介绍了苏玉普的感想："一直以为当老师很简单，只要自己把书本的东西给学生讲出来，让学生能够明白就可以了。"后来才明白："现在课改啦，就是课堂以学生为主，学生自主学习，体现学生的主体性，教师不再是绝对权威。"苏老师的反思说明：（1）备教材，不可误解为仅仅理解教材；（2）备学生，要善于导学，鼓励探究。也许，这些也是许多青年教师对备课简单化处置后的共同反思点。

2. 本节所列举的若干备课路线图,都只是一种"告诉"与"提示",要获得真知真悟,还需要像苏老师一样在实际中发现问题,然后再对备课相关路径进行再对照、再学习,这样才能真正学习掌握备课的"真经"。

第四章　认识教案

第一节　关于教案

🔘 学习点

1. 知道教案是什么,能从不同维度的层面理性认识教案。
2. 认识并熟悉教案操作的逻辑过程和项目化内容。
3. 明白备课与教案的紧密相关和思维层次上的区别。

　　教案一词,《现代汉语词典》中是这样解的:"教师在授课前准备教学方案,内容包括教学目的、时间、方法、步骤、检查以及教材的组织等等。"

　　教案是教师备课结果的主要呈现形式,它是教师撰写的具体教学方案,是教学内容的程序安排和教学技能的综合表达。

　　青年教师从踏上讲台开始,就不断经历着从备课构思到撰写教案再到上课的过程。千万不要认为自己写过教案了,有了教案自己也顺利上过课了,就觉得教案撰写是很容易的事。一位见习教师告诉我,当拿到一位即将上公开课的骨干教师的教案后,他才发现自己的教案是多么肤浅和稚嫩。原来,教案设计并非易事,需要学习和经验积累。在新课程理念下的新课堂教学中,我们应当写出怎样的教案,要进行怎样的教学设计才能更好地完成教学任务,是我们青年教师专业成长中时常要面对的现实问题。

　　教育专家告诉我们:教案,诞生于17世纪欧洲普及教育背景下的班级授课制时期,至今已近400年了。对每个教师而言,我们熟悉它,因为几乎天天与之打交道;我们对它陌生,因为教案的格式多变。教案转化为现场的教学效果怎样?应当写出具有怎样特点、性质和格式的教案才能有效促进学生学习?这些都需要我们认真学习,不断实践。

　　因此,处于专业成长中的青年教师有必要全面了解教案,研究教案。以下将从理性与操作的两个层面展开论述。

一、教案的理性认识

1. 教案是计划与方案

教案是教师为课堂教学而准备的书面计划与方案。汉语词典中的计划,是工作或行动以前预先拟定的具体内容和步骤；方案，也是计划和规定的法式。教案与其他行业的"计划"或"方案"的差别在于教案的教学设想和实施的特性十分明显，体现教师个性化的教育性和实践操作性。教案是教师团队或个体教师精心设计后撰写的，教师既是教案的设计者又是实施者。

人们认为"计划"的概念比"教案"的概念有更丰富的内容，因为一个行业的工作计划要比教案的计划更复杂一些。工作方面被称为"方案"的文本，更偏重于操作性工作安排。这就说明，教案既具备"计划"概念中赋予的"指导思想"和"目的要求"以及"进程的安排"，也具备"方案"的程序性和操作性。

2. 教案是教学设计的呈现方式

国外学者布里格斯认为："教学设计是分析学习需要和目标以形成满足学习需要的传递系统的全过程。"这说明教学设计是教案的"上位概念"，推动形成教案向系统化过程发展，两者有着天然的联系。

郑金洲教授在他主编的《备课的变革》导论中指出："教师在经过精心设计和充分的准备之后，通常以教案的方式来表现自己的教学思考和教学准备的结果。从这个意义上可以说，教案不仅是表达教师教学设计状态和结果的主要载体，而且也是反映教师教学设计理念和价值追求的外显方式。"[1]

以上论述告诉我们：

教案是教学设计的外显，但教案不是教学设计的全部。

好教案依托于优化的教学设计的思维与构思。

教学设计是教师对教学新理念进行学习和内化，并转化为具体的教学实践行为的一个中介。

教师的教学变革应从教案编制，尤其要从教学设计起步，教案编写也是实现有效课堂和有效教学的必要手段。

二、教案的操作性认识

教案既然是计划或方案，那么它必然具有很强的操作性和过程性。

教学，尤其学校教学有三个基本特点：一是师生的交往性；二是教与学的活动性；三是育人的目标导引下的实践性。那么，教师在施教时与撰写教案时都应当充分显现其实践操作性。

————————————

[1] 郑金洲主编：《备课和变革》，华东师范大学出版社，2007年版，第2页。

1. 从教案的结构特点中认识操作性

教案表达中有许多规范化的项目，如"教学目标"、"重点与难点"、"教具、学具准备"、"教学步骤"等，这种"结构"是一种表述上的逻辑性结构，而教案中的操作性的结构主要表现在"教学过程"或"教学步骤"中。

教案里的构思安排是通过文字、图表、例题等的先后顺序、过程环节，用陈述、解说、问题质疑等方式呈现的。因此教案的操作性不仅跃然于教案里，更存在于老师课前的思绪中。

也许一部分青年教师"一不留神"会把教案写成论文范式，产生论文化表述倾向，注入了过多的理性认识和解说性推演，忘却或淡化了操作性的文字表达；还有的青年教师在说课时告诉别人自己授课的程序与安排，而观课者却无法从他的教案中"发现"操作性内容。这些弊病需要在学习优秀教师的教案和阅览教学参考书中的教案样本的过程中得以解决。

2. 从教案的时空特点中认识操作性

现代教学是动感的、生成的。它要求课堂上以学习者为中心，突出学习者在学习过程中的主体地位，要以学习者的"学"为教学设计的出发点。课堂上，学生是渐进式进入学习状态的，从聆听、观察、答疑、讨论、实验到完成随堂的作业练习，都需要在教案的各种安排中被自然呈现。

青年教师在设计、构思与撰写"教学目标"时，应当充分认识到几乎所有的目标、项目都要在时空的动态中和互为交叉渗透中去完成。

"认知目标"中的知道、领会、应用、分析、综合和判定，"技能目标"中的知觉能力、体力、技能动作、有意交流，"情感目标"中的授受或注意、评价、组织、价值体系的性格化，"过程与方法"中的经历或模仿——探索与发现等等，都需要教师充分思考与解读，需要在备课撰写教案中给予隐性或显性的表达。

三、教案的常规项目

讲好课是青年教师最基本的素质，而写好规范的教案是讲好课的前提。所以，第一项任务就是了解并熟悉如何写规范的常规课教案。

目前中小学各学科，都有大约一致的教案格式，教案所要反映的项目共有 10 项，但不同教学模式和学科可略有增减和改变。

（一）教案的项目构成

（1）课题（本课名称）

（2）教学目标（从教育心理学角度看它包括认知、动作技能、情感和个性发展四个目标，从新课程目标来说，包括知识技能、过程方法、情感态度价值观）

（3）课型（指新课、复习课、练习课等）

（4）课时（指课时安排）

（5）教学重点（指本课所必须解决的关键问题，重点可以因课时和教育对象而异）

（6）教学难点（本课教学时易产生的学习上困难和障碍的知识点）

（7）教学过程（指教学过程结构，包括教学内容、方法、步骤、措施等）

（8）作业（指作业布置）

（9）板书设计（指在黑板上板书提纲或多媒体显示的授课提纲）

（10）教具与学具（教具指教学时使用的材料与设备，要写明名称、使用情况，学具指学生学习时使用的工具、材料与设备。此项也可置于第4项"课时"之后）

（二）若干项目的说明

1. 关于"教学目标"

教学目标是对学习者（学生）通过教学后应该表现出来的可见行为的具体明确的表述。它是学习后应达到的结果与状态，是教与学行进中的"纲"。

根据前面章节相关内容的论述，我们已初步明白"教学目标"的特点、性质与作用。青年教师在教案中所表达的"教学目标"还应该把握如下几点：

（1）教学目标的确认源于本学科的"课程标准"，呈现于本学科的教学参考书，但落实到教师本人、本章、本节课时，需要根据学生实际和教学进度作适当调整，切勿照抄照搬。

（2）目标的主体是学生，是学生的学；"三维目标"是分别表述的，但不是简单的叠加，也不能机械割裂，它是教与学过程中所追求的整体性综合的目标。

（3）目标的阐述内容，既有教学预期的结果，又有学生"学"的过程与方法；既有定性的结果与状态的描述，还应根据需要增加一些可观测、可测量的定量性语词。

吴亚萍、王芳编著的《备课的改革》中列举了吴玉如的"新基础教育"语文教学改革研究报告的目标案例：

　　语文课《蝴蝶王国》的教学目标陈述：(1)说一说台湾蝴蝶的数量、种类为什么能成为世界第一。(2)不看课文，复述蝴蝶谷自然景色，并说说自己的

感受。(3)用学过的句群结构介绍一只课外搜集到的蝴蝶标本(先口头后书面)。(4)提出一个自己认为值得讨论的问题。(5)介绍收集到的有关台湾自然景色、民族风情的资料(口头,先小组交流)。

上述目标没有了空洞的口号,没有大段怎么教的叙述,没有含糊的词语,很具体很实在。

某语文教师的《从百草园到三味书屋》第一课时教学目标:

能熟读第二自然段,50%以上的同学当堂课背出该段。

能分析第二自然段中季节景色、方位、动静的变化,修辞手法的运用。

热爱大自然、热爱生活的感情有所增强。

上述两位教师的教学目标,都鲜明呈现目标主体是学生,所用动词都比较具体,易于检测。

2. 关于"重点与难点"

"重点与难点"在"教学目标"的实施与实现中呈现。重点是教学内容的基本点和核心内容,它是举足轻重、承上启下的内容。难点是学生学习过程中容易产生的困惑、误解,若不排除和突破它将影响教学效果与目标的达成。"重点与难点"的表述应特别关注以下几点:

(1)"重点与难点"都应在"教学目标"范畴之内,根据"三维目标"于不同学科不同特点的教材中,其呈现内容是不一样的。

(2)"重点与难点"可以在课程标准和教参中"获得",但要根据学生实际和课型来作具体认定和处理。

(3)"突出重点"不完全是多花费时间,而要在分析、点明、深化上下功夫;"解决难点",不仅是方法和手段,更要运用教学的艺术,才能化解难点。

3. 关于"教学过程"

上述10项内容中"教学过程"的设计是主体部分,因为教学目标主要靠教学过程来实现。它要求教师根据教学目标,结合学生实际,选择适当的教学方法,按照教学基本原则设计教学程序步骤。教学过程设计决定着教学效果的实现。

通常,教学过程的设计包括如下内容:

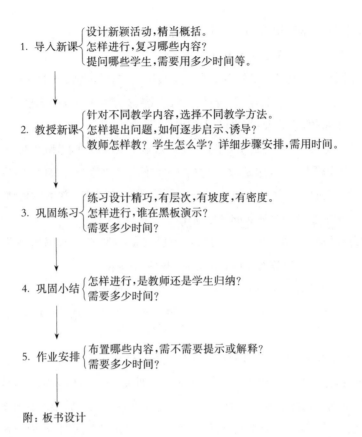

1. 导入新课 { 设计新颖活动,精当概括。
怎样进行,复习哪些内容?
提问哪些学生,需要用多少时间等。

2. 教授新课 { 针对不同教学内容,选择不同教学方法。
怎样提出问题,如何逐步启示、诱导?
教师怎样教? 学生怎么学? 详细步骤安排,需用时间。

3. 巩固练习 { 练习设计精巧,有层次,有坡度,有密度。
怎样进行,谁在黑板演示?
需要多少时间?

4. 巩固小结 { 怎样进行,是教师还是学生归纳?
需要多少时间?

5. 作业安排 { 布置哪些内容,需不需要提示或解释?
需要多少时间?

附:板书设计

（1）导入新课。导入新课的目的是开辟教学通道并激发学生学习的兴趣。导语要简短新颖,并与本课堂讲授内容息息相关;问题引入或情境引入都要富有启发性,引导学生思考问题。这就要求拓展知识面,捕捉新信息,设计巧妙的导入新课的内容和方式。

比如,语文课讲《念奴娇·赤壁怀古》,可设计这样的导语:"历史巨片《三国演义》大家都喜欢看,片中主题歌'滚滚长江东逝水,浪花淘尽英雄……'更是脍炙人口,被人竞相传唱。但不知同学留意没有,这首歌的构思意境,甚至有些歌词,都直接受到北宋大文豪苏东坡的一首词的影响,这首词就是我们今天要讲的《念奴娇·赤壁怀古》。"

储竞主编的《基于课程标准的小学语文教学初阶》对教学过程的导入设计如何"儿童化"、"趣味化"作了如下论述:"导入环节对于一堂语文课的成功与否来说是很重要的,上课之初教师充满诗意与激情的导语,或是营造的积极快乐的氛围,往往能充分调动学生学习的积极性和主动性,将学生的兴趣和注意力转移到学习中来。导入时,教师可以从课题入手,引导学生审清题目,剖析课题,从题目中挖掘出隐含的信息,并渲染气氛,引导学生渐渐进入课文所描绘的情境之中;也可以采用谈话导入、情境导入、悬念导入、故事导入、谜语导入等方法。"①

导入新课方法很多。主要类型有：开门见山,揭示新课;新旧联系,导入新课;巧设悬念,引人入胜;动手操作,亲身体验;设计游戏,情境切入;讲述故事,启迪思考;审题入手,提纲挈领;直观演示,提供想象等。

（2）讲授新课。首先要落实讲授内容,尤其注意突出重点,解决难点;其次要设计具体的教学步骤与方法,这是教学过程中的"网络"、"脉络"。教师要将"内容"、"方法"、"步骤"有机融合,再通过讲述、讨论、朗读、演算等方法,并适时地使用教具、实验等手段,为学生创造一个活跃的课堂氛围。

讲授新课时,要结合板书内容进行,使板书直观性突出,板书能纲举目张、条分缕析、清晰完整地显示出各部分内容的结构、程序和相关性。

（3）归纳小结。尽管它所占时间不多,但十分重要。它能深入知识的结构、发展思维、增强记忆与理解。精彩的小结设计能起画龙点睛、提炼升华的教学效果,给学生留下拓展的空间。

（4）布置作业。布置作业是促使学生把知识转化为能力的一种训练,因此精选练习题很重要,作业题分量要适当,形式要多样。难度要分层次,要求要具体。

教案是为课堂教学而准备的书面计划,它本身涉及的问题很多。教案格式的改革与变化,反映了教育思想和教育行为的变化。对教案格式问题,我们应作如下理性的思考：

第一,教案书写不存在适用于所有课的固定的、严格的统一模式。

第二,教案的格式与项目的呈现,既是教师施教过程中的需要、教学改革与教学研究的需要,更是为学生服务的需要。

第三,研究表明,有充分的课时计划时教师对学生反应反倒不敏感,较少鼓励学生谈自己的看法和进行讨论。可见,倘若教师不随机应变,发挥自己的教学机智,计划就可能起副作用。这是因为计划毕竟是主观设计的方案,而学生却是客观的变化的。

四、备课与教案

在认识教案后再提备课,显然我们对备课就会有一次再认识。将"备"理解为准备、预备的话,那么其内涵要比教案更为深刻而广泛：备课是授课之前（包括一节课,

---

① 储竞主编：《基于课程标准的小学语文教学初阶》,华东师范大学出版社,2016年8月版,第48页。

甚至一个单元之前)的所有构思与策划、情感的注入、原理的追踪以及相关教学行为的准备等等;而教案仅仅是对上述理解、构思、选择之后的教学实践过程的书面方案(或称为教学方案的书面记录)。

如果说备课要做到"心中有目标、眼中有学生、手中有方法"的基本要求的话,那么教案就是把目标转化为行动意识,把学生纳入行动主体,把方法融入学生主动学习的学法自觉之中的书面方案。

在新课程与新课堂理念下,对备课与教案的特性还可形成如下新认识:

(一)备课

——要体现预设与生成的统一,体现学生主体意识和尊重差异性理念。

——要体现课程资源的整合,目标的整合,以落实以学生发展为指导思想的理念。

——要基于学生经验、兴趣与需求的内容整合,体现多样化教与学活动的整合理念。

——要体现教学方式与学习方式共同转变的理念。

(二)教案

——要涉及"教",更要涉及"学",教案不能只言"教",而不涉及"学"。

——要体现课堂转型的意涵:从"教堂"转向"学堂"。

——要体现资源整合和系统论思维的教学设计思想与行为表达。

显然,备课与教案之间是密切相关的,前者是构思,后者是基于构思的行动意识,是对构思的意识呼应。

启迪点

1. 教案与教案撰写,从构思设计到动手书写是一个复杂的过程。它不是一篇文章的线性思维,更不是问答式的项目填写,它需要纵横两向的综合构思和前瞻性预测,需要为现场教学"留白",需要在设计时储备情感和激情。

2. 教案的构思与习得依靠的不是朝夕之间的功力,不是阅览若干书刊之后便可伏案书写完成的,它更需要借鉴、习得和现场教学经验的积累与反思。好教案是磨砺出来的。

反思点

1. 某青年教师以"没有人告诉我撰写教案的标准答案"为理由,养成到网上复制下载的他人教案的习惯。后来他参加团队研修时,因说不清自己教案背后潜性思维,觉得难堪。他反思自己错误做法后,沿着教案研究的路径前行,三年后终于为一次区级公开课写出一份颇具特色的好教案。

2. 从"教"的设计到"学"的激活和生成,不仅靠专家的提示、老教师的告白,还靠自己的大胆尝试,获得成功后你便有了与同伴不同的教案表达。——一个刚上过一堂公开课的青年教师感言。

第二节　编写教案的意义与原则

学习点

1. 认识教案对教师上课与自身专业基本功形成的重要意义。
2. 知道教案编写的基本原则和基本要求。

一、编写教案的意义

教案是教师上课前设计的方案、蓝图,它直接影响着课堂教学过程和效果,教师的最优化教学过程能否有效实施,教案起着关键作用。特级教师斯霞说:"要上好课,首先要备好课,我常常把备课比作指挥员在组织'战役',我总是反复思考反复推敲,直到自己认为是比较满意的设计方案为止。"还有一位特级教师认为,一份优秀的教案是设计者教育思想、智慧、动机、经验、个性和教学艺术的综合体现。所以说写好教案十分重要。

有人说,青年教师入职后要成为初步合格的教师须过"三关":一是独立备课关;二是独立上课关;三是独立命题,出好考试卷关。独立上课并不意味着会独立备课、独立撰写教案。在这里,独立备课被看成青年教师自立的首要技能,可见独立备课撰写教案是青年教师能否稳当立足讲台的关键。

自主备课,独立撰写教案的意义可归纳为如下几点:

1. 有利于教师整体上把握和驾驭课堂教学全过程

一位有着四十年教龄的老教师说:"迄今为止,不备课我还是不敢上课。"青年教师更要强调撰写较详细的教案,才能上讲台。当你学习了课程与教学的理论,又在入职的学校或实习基地实践,知道了本学科课改理念和教学要求后,你就需要把理论转化到设计图纸上,即教案。那么此时就要整体把握一堂课或一个单元的教学,发挥好教学各要素的协同作用,这就是一种综合掌控的能力训练。

如果说整个教学过程是一项人、物、事件、时间、空间等要素构成的系统工程的话,那么备课,写好教案就是这项工作的蓝图,它影响课堂教学全过程以及课后的作业、辅导等。

一份优秀的教案就是一份优秀的教学设计,它能很好地回答:上课将做什么?怎样做?为什么这样做?(一般教案还难以回答为什么这样做)有了好的教案,教师就能有理、有序、有力地把握教学全过程,驾轻就熟地进入教学状态。

2. 有利于促进和形成课堂教学活动的良好循环

教师的教学活动始于备课。当前教育改革已进入有效教学研究和基于核心素养的课堂教改阶段,所以青年教师务必从优化课堂教学设计开始。教学是一种师生互动、共建共生的良性循环:

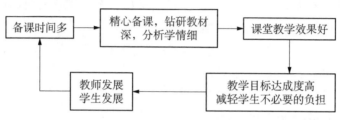

教学活动良性循环图

青年教师要摒弃应试教育的“陋习”,不能把过多精力花在“考什么教什么,怎么考就怎么教”上,倘若备课也以“考试为中心”,备课的内容只是如何让学生记住,如何设计各种练习题,这样在课堂上会造成学生很大的压力,学生学得呆板,效率低。为了提高效率教师又通过布置作业、频繁考试和课外辅导来弥补,其结果是师生都陷入了恶性循环的泥潭。当前我们课堂教学整体水平还不高,青年教师从教以后接纳了许多新课程、新课堂理念,理应成为优化课堂的先锋力量。

3. 有利于教师自身素质的提高

教师素质即教师专业素质,是指能顺利从事教育活动的基本品质或基础条件。一般包括专业性知识、专业能力和专业精神。其中的备课与撰写教案又是教师专业技能的核心环节。根据素质教育的要求,教师的教学观念要更新,教师的角色地位要转换,构成教师的素质内涵和外延要扩充加深,这是时代的要求。

如前所述,一份优秀的教案是设计者教育思想、智慧、动机、经验、个性和教学艺术的综合体现。也就是说,一份教案能折射出教师的专业素质水平。青年教师成长中不同岗位职能的起步点和台阶很多,要把“设计一份好教案”看成自己立足课堂、成就自我的关键一步来对待。

精心备课有利于教师教学,提高教学的预见性同计划性,发挥教师主导作用。新老师要备课,老教师也要备课,这是因为我们已处在信息时代,教师必须不断更新知识、扩充或修改教学方略,况且每届学生情况不同,可见备课是教师自我提高素质的经常性手段。

4. 有利于成就教师专业技能基本功

教师工作基于课堂,也成就于课堂。课堂是教师专业成长与发展的沃土。尽管教师专业技能的提高,可以通过职前与职后的培训,可通过团队合作共研,还可以通过学校校本研修的文化再造等方法实现,但是这些促进教师成长的台阶,都搭建在课堂教学的平台上,最终都显现在教师课堂教学技能上。而这些技能的"本源"就是备课、设计教案。青年教师要完成教学基本功的历练,要基于备课;教有特色、教有成效的教师,要拿出他的第一份文本,就是教案。

只要一个青年教师坚守讲台,那么备课、写教案将与他的教育生涯为伴。发现自我、发展自我、成就自我,都以备课为出发点。

二、编写教案的原则

教案要有一定的规范,这是教案性质所决定的;教案又不可能有十分固定的模式(可以有一定的格式),这是由学科不同、年级不同、教师不同以及评价的标准不同而造成的。但是教案又是教学过程的设计,应符合教育规律,就有了共性,这种共性可用以下原则来阐述:

1. 科学性

科学性是指教案编写要以教育学和心理学原理为指导,正确理解课程标准和教材,深刻剖析教材内容,灵活应用教学方法和手段,结合学生实际精心设计教学方案等要求。总之,科学性既要表现为教育的规律性、教育方法的适切性、教育心理的适应性,还表现为本学科的科学性等。

(1)教育的规律性。所谓规律就是客观事物或过程内在本质的联系,是不以人的意志为转移的客观存在。备课时所遵循的教育规律主要是教学过程规律,它是客观存在于教学过程中的内在的、必然的联系。《学记》中有:"既知教所由兴,又知教所由废,然后可以为人师也。"指的是要知道教学怎样才会成功,怎样会失败,即认识并遵循了教学的客观规律才能当一个好老师。如教与学辩证统一规律(主要指教师主导作用、学生主体作用以及两者之间的辩证统一)、直接知识与间接知识的辩证统一规律(主要指课本知识与学生生活经验、理性知识与感性知识)、教学与发展辩证统一规律(主要指智力、能力和情感、意志、性格等心理品质发展的关系)以及教学中的教育性规律等。

（2）教学方法的适切性。所谓教学方法是指教学过程中，为实现教学目的、任务而采取的教与学相互作用的活动方法的总称。教学方法不仅仅是教授方法，它一定要与学法结合，是"教"的方法与"学"的方法的统一。从教学方法的大类来看，中小学教师采取的方法主要有：

$$
\begin{array}{l}
语言性教学方法
\begin{cases}
讲授法\\
谈话法（又称问卷法）\\
读书指导法
\end{cases}\\[2mm]
直观性教学方法
\begin{cases}
演示法\\
参观法
\end{cases}\\[2mm]
实践性教学方法
\begin{cases}
实验法\\
练习法\\
实习作业法
\end{cases}\\[2mm]
研究性教学方法
\begin{cases}
讨论法\\
发现法
\end{cases}
\end{array}
$$

一堂课的教学方法是多样的。而任何一种方法不可能是绝对最佳的，在实际教学中往往是以一种方法为主，多种方法为辅，或者进行多种方法的综合运用，它又因教材、因学生、因教学环境而异。这就是教学方法适切性的缘由。选择教学方法，可以从如下几方面入手：

第一，因"课"选法，学科不同、教材不同而方法也应有所不同；第二，因"人"选法，学生有学校类型之别，班级之别，教学方法也不应相同；第三，因"执教者"选法，教师的经历、经验、能力与性格特点差异，各有所长，各有所短，也就是说各位教师特点不同，教学方法也不一样，每位教师在教学方法选择时应优先考虑扬己所长；第四，因"物"选法，主要指教学的外部条件，如教室环境、教学设备条件等。教师在选择教学方法时，要根据学校教学条件，因地制宜，不可超越实际条件。

各种教学方法都有其优点和缺点，不可能有一种"万能的教学方法"可以适应各种不同的教学情况。可见对教学方法要进行优选，优先的选择标准大致包括以下四个条件：

其一，必须根据教学目的，选择与教学目标实现方向相一致的教学法。

其二，必须依据教材内容，采用不同的教学方法。它不仅是因为不同学科内容的本身不同，还在于学生在掌握这些学科内容时的心理过程存在差别。

其三，必须依据学生实际情况。如果学生对教学内容已有较丰富的感性认识，教师只要通过一般的讲解，学生就可以理解，而不必采取直观演示，对已有一定自学能力的学生，可以使其在自学基础上，针对学生可能遇到的疑难问题，运用讲解法，来进行教学。

其四，必须依据教师的特点。常常会出现一种现象是教学方法很好，但教师不能正确使用它；有的教师擅长生动的语言表达，有的擅长运用直观教具或多媒体制作，那么方法的选优就要把该方法的优点和教师自身的优点相结合，这样的教学方法就能产生事半功倍的效果。

（3）教育心理的适切性。教育作为一种决定性条件，制约着学生心理发展的过程与方向；同时，教育工作也要以学生心理的水平和特点为依据。年龄不同，学生群体的智力发展水平也不同，再加上不同学科的思维特点的不同，教学组织和方法也有较大差异。

从心理学的观点看，学习是认知及其结构的变化，同时还包括情感领域的变化。可见教学设计的科学性还体现在学习心理的科学上，教学中要全面考虑心理发展进程。其含义包括如下几个方面：

其一，不能把教学仅仅看成一个认识过程，教学过程是促进人的成长的过程，主要是发展智力、培养能力的过程。

其二，在认识过程中不单将其视为某种特定的过程指向，而应视其为双向、互动、迂回和复杂的过程。

其三，在非认知心理发展方面也要作全面考虑。专家研究表明，人的心理能力可分为智力和心力两种，智力是一种认知心理力量；意志力、内驱力是非认知心理力量，这就是心力。有人认为教学设计最佳效果的达成，还应包括学生发展整体优化即智力因素与非智力因素的和谐统一。

2. 创新性

素质教育的重点之一是创新精神，要激发学生的创新精神，教师首先要创新。

创造学家认为的教育所传递的内容是什么呢？那就是创造与发现的总和。创造是教育的最高境界和最终目的。

中国发明协会副主席张开逊教授在《教育与创造》专论中谈到教育的涵义与教育为何难以实现最高境界时有这样一段论述：

　　我觉得教育应该有三个层次：第一，应该让受教育者知道世界是什么样的，成为一个有知识的人，成为一个客观的人；第二，应该使受教育者知道世界为什么是这样的，成为一个会思考的人，成为一个有理性的人，成为一个有分析能力的人；第三，应该让受教育者知道怎样才能使世界更美好，成为勇于探索、创造的人。

学校教材和教学大纲以及教师的指导思想常常忽视创造。教师讲课的时候容易忽略两个非常必要的环节：其一，只讲知识的结论，没有讲人的发现或创造知识的艰难探索过程。学生学习知识的时候，觉得这些知识的产生是一种不可思议的事情。其二，很少讲知识应该怎么用来解决实际问题以及它的不完备之处在什么地方，还应该怎样发展。学生误以为知识不是通过无数的错误、摸索、寻觅得到的，也不是应该发展的，觉得自己与知识的发展、创造无缘，以至于觉得创造和发明是天才的事情。①

可见教育与创造之间的关系是何等密切。

长期以来，传统的课堂教学仍以讲授与灌输为主，形成教师对学生的权威性、学生对教师的依赖性，学生与生俱来的独立性、怀疑性和创造性，在教学中不但得不到足够的尊重和发展，而且被消蚀得越来越少。

创新、创造教育呼唤教师角色的深层更新，它包括观念系统、能力系统和方法系统变更。备课和教学设计要切实突破"教参—教材—学生"这种固定模式，从发展学生创新思维这一战略高度出发，别具匠心地"肢解"教材"重组"教学内容，"优化"教学过程。其中重要的一步就是设计颇有新意、效果最佳的教学方案。

教师备课时，胸中要有"课标"，但"课标"又是规范的、共性的，要将课标中的教改理念与学生丰富的个性特点相结合；教师备课时，面对的教材是"固定"的，但教法是"活"的，学生是生命的活体，教师教学如果不倡导创造性劳动，就不会产生符合素质教育要求的教学艺术魅力。

教师要从学生求知创新的促进者和合作者的立场出发，通过引导、点拨、讨论等多种形式，使学生从内心需求出发，忘我地参与到教学进程中去。教学设计中尤其要注意为学生留点"时间空白"，让学生以充分的思考、质疑等自主活动来填补，从根本上改变教师的"满堂灌"现象。

备课的创新性，重点应放在教学的创新上，主要体现在如下几个方面：

（1）教材处理上的优化。颇有创新能力的教师不仅赋予教材新意和活力，而且能从简驭繁，化难为易。教材处理上的优化是教学优化的基础。

---

① 张开逊：《教育与创造》，《人民教育》1999 年第 5 期，第 9—11 页。

（2）教法选择和手段运作上的优化。教学方法要常教常新、努力改变受应试教育影响的思维定势。以下两个教例有着鲜明的反差：

在讲数学课三角形认识时，老师让学生动手做三角形，学生做完后，老师让学生把三角形放在一边，拿出教具让学生到讲台上比较三角形的大小，为什么不让学生拿自己做的三角形互相比一比呢？显然，教师在完成教案，教学过程与教学目标相脱节，一个不大引起人的注意的环节，一个简单的方法，却反映出教师教育思想的守旧。如果让学生把自己做的三角形重叠在一起比一比，情况就不大一样了，这个过程所获得的直接经验会很深刻地影响到学生的学习，然而恰恰被许多教师忽略了。

特级教师钱梦龙在"文革"后期曾教过一个差班，他感到不能差什么补什么，而应首先吊学生的胃口，让他们想点东西，他先给学生说："我和你们一样过去学习也很差。"学生全笑了；钱老师和我们一样！感情拉近后又问："你们感到最难的是什么？"答："作文"。钱老师说："咱们就教作文，我保证一节课就教会你们作文，都能得80分以上。"第一节课教学生写家人。学生说怎么写，钱说，家里人说什么话，干什么事就写什么。"不会的字怎么办？"随便，用拼音代替也行，空下来也行。我只有两点要求：一、标题要居中；二、文章要分段。"有学生问："怎么分段？爸爸说的话为一段，妈妈说的话分一段，行不行？"钱老师说："行。"学生交来作文本，钱老师当堂打分，只要符合两点要求，都给80分，再有内容的，给90分。至于错别字和看不懂的内容先不管。这些学生过去作文从来都是20分、30分，现在都成了80分，有人以为钱老师开玩笑，钱老师严肃地告诉学生，这不是开玩笑，你们都按我说的两点要求写了。懂得格式很重要，这是一个很好的开端。学生首先消除了畏难情绪，感到作文并不难。这样一步一步来，到期末，家长拿到孩子作文本时，后边几篇已经是正正规规，像模像样的作文了。

钱老师根据学生心理特点，创造性地采用低起点、慢步走、稳步前进的教学方法，取得了预期的教学效果。

（3）教学风格的独创性。教学是科学，也是一种艺术，教学风格就是一种教学艺术的创造。走向成熟的教师要跃出"高原"地带，让自己的教学能力有"质"的突破，既要有坚实的教育教学理论功底，遍采百家之所长，更要扬己之长，在教学中突破常规，开辟独创之路。富有个性化的教学风格就会逐步形成。

教师要在教学中形成各自的风格,从教学活动上看,首先要在备课、教学设计上开辟自己的新路;第二步是在大量的课堂实践中去尝试、去验证,然后反思存在的问题,总结成功的经验;第三步是在理论与实践滚动中,上升为以理性思考为背景,以教学实效性为验证的,有鲜明个性与特长的教学风格。

有风格化教学艺术的教师,必定是研究型教师;而研究型教师都具有反思能力和改变传统教学思维定势的能动性;具有有别于一般教师的智能结构和创造才能;具有自适于课堂教学操作系统的宝贵经验。

3. 差异性

教育行政领导在把握最基本的规范化要求情况下,不要过多干预教师的教案形式和内容。这是因为每位教师的知识经验、特长和个性差异很大,整齐划一的要求会束缚教师的手脚,扼杀创造力。教案的简与繁、多与少,应立足于教学实际,教案写得再好,上课没有用好,这样的教案就失去了原本的意义。

学科类别不同,教案的内容结构就会有差异。理科类教案偏重于逻辑推理和操作活动,文科类教案注重形式逻辑,更多关注情感陶冶和交流。

教师知识经验的差异,反映在教材的处理方法和教学设计上,也会有较大差异。有的教师擅长新课引入的设计;有的擅长情境设计;有的擅长思维的训练;有的擅长板书结构化、系统化设计等,教案的内容可各有偏重。

教师应用教案个性和习惯的差异,也会产生简与繁的差异。一般教龄长的教师教案内容往往比较简单,上课时仍然能得心应手,应用自如;当然也有的老教师,长期坚持写详案,并有不断创新的意识。

同样的教学内容,教学方法可以不一样;即使两位教师都引进同一种现代教学方法,使用同样的教学手段,但各人的构思不同,就会产生不同的教案结构。

4. 操作性

学校教学有三个基本特点:首先,教学是教师与学生之间的共同活动;其次,教学又是教师的教和学生的学所构成的一种教学活动;再次,教学是为了实现一定的社会教育目的专门组织起来的培养人的活动。可见教学是多层含义的过程性活动,因此课堂教学操作性十分突出。

教案是教学前设计的"图纸"和依据,这张"图纸"在一般情况下,是由教师本人亲自"设计"的,如何"施工"、"施教"也是自己的事,这样,教案不论何种格式,内容是繁是简,它都在"施教"时具有很强的指导性和操作性。

教案是教师一边博采信息，一边构思后形成的文字化教学方案，其操作性主要体现在结构化的程序之中、时空化的师生共同活动之中。这样，我们就不能简单地认为构造复杂、文字量多的教案就具有更强的操作性。有的教师感到教案写得过细，越容易捆住自己的手脚，思维被禁锢，临场的教学灵感被扼杀；有的青年教师写了简案，由于备课不充分，操作程序不清楚，结果授课时程序混乱，内容空洞、单薄。可见教师写教案一定要精心设计，在充分考虑可行性和可操作性的基础上，该简则简，该繁则繁，要简繁得当。

有的教师在编写教案时，将程序化内容用红字标出，或用红线划出，以增加授课的操作性，这是一个很好的经验。

5. 可变性

一位颇有名望的教育专家指出："教育是一项直面生命和提高生命价值的事业。"教师心中要有人，既要有整体的人，又要有个别的人。每个学生个性不同，思维水平与状态不同，不能用固定的教案去面对动态的学生群体与个体。

在教师教学过程中，学生可能会提出各种问题与看法，教师不可能事先都估计到，这种情况下教师既要鼓励学生继续参与学习，又要适当调整教案有关内容，更改进度，满腔热情地去引导和启发学生的思维活力，提高课堂教学效果。

　　几位外国教育专家聆听一位老教师上课，课时过半时，教师的一个问题引起学生极大的兴趣。于是同学们展开激烈争论，双方各持己见。课后这位老师向外国专家道歉，称自己没有完成好教学进度，造成教学"混乱"。几位外国专家对此无言以对，这是一堂很好的课，怎么说成没有完成进度的课呢？可见这位老教师尽管有丰富的教学经验，但"教师为中心"的传统教学观制约着他的教学全过程，原先设计好的内容捆住了他的手脚，陈旧的教学评价观使他误认为这堂课很不理想。

教育功能的关键，是引导学生主动发展，帮助学生形成发展机制，如果在课堂教学中牢牢把握教育功能的大方向，就会自觉地面对学生实际，调整进度甚至可适当调整教学目标，为教育最高宗旨服务。

启迪点

1. 教案编写是教师教学的基本功之一，其意义重大，有原则可依，有要求可遵循。

有人说,教案是教师的另一张"名片",未见其人先见其"案",从中可窥视教者的素养和教学功力。

2. 教案有规范可言,更有教师自己的个性和创造性,而教案又将与教师的职业生涯为伴。因此,研究教案、编写教案是教师专业成长与发展中十分重要的工作,必须充分重视。

反思点

1. 一位有较丰富教学经验的教师说,撰写教案不能只是一种单向的线性思维,必须进行立体构思、多元因素介入的统筹,还要加上经常的"回眸"与"反思"才能让教案年年有进步。这是经验总结和自我反思的思维升华。

2. 一位把教案看成一种不得不写的任务来完成,长时间处应付状态的青年教师,当他即将承担一堂公开课时,才发现自己要写一份好教案有多难。

第三节　教案编写的基本要求

学习点

1. 了解教案在不同思维层面上的基本要求,明白这些要求对设计与撰写教育的意义与作用。

2. 结合文中的案例学习以及对照自己的教案,进一步体会教案在教学流程中的重要性和功能。

一些青年教师以为"教案的要求"无非就是按教案的项目逐一填写就可以了,还会有其他要求吗? 这是对教案所蕴含的深刻含义的误解。教案决不是简单的教学程序的安排,一份好的教案从构思到各种筹划准备再到落笔书写有许多具体要求。

一、教案编写的一般要求

教案在多数情况下是教师在个人教学构思后,用书面计划的形式来表达的教学方案。如果在校本研修活动中,由团队合作后再由个人撰写,那么教案的表述就应有明确的、依托于教案来表达课改的研究主题和所追求的教学特色。按照教师教学的目标与任务,对教案赋予了能从构思转向实践、理性转化感性、计划转入操作的载体功能,那么教师在编制与撰写中,应体现如下几点要求:

1. 所有教案的文本无论有怎样的格式与项目，全文都要体现以课程标准为指导，以教学内容、教材为基本依据，有明确而详细的目标表述。

2. 能将恰当的课程内容及其结构与教学对象（学生）的认识结构有机对应，架构适于生源的教学内容的逻辑线路，设计教与学双边活动策略。

3. 教案内容能反映出教师如何突出重点，突破难点，排除疑点的方法；能显性或隐性显示教学中的主要教学方法、辅助方法和手段（必要时可注明使用的时机）。

4. 能根据当今学科课改的要求来设计教案，教案内容能充分显示教学程序与结构，做到详略得当，书写工整，项目齐全。

二、从新课堂教学的视角看编写教案的基本要求

新课堂教学要求教师在教学观、角色观和学生的学习过程观上有全新的认识并赋予教学以具体行动。所有这些认识与行动策划，都将落实在教案或教学设计里。现在我们仍然从教案是本质的特征，即"将怎么教和怎么做？"上看教案的编写，它至少要有以下"四个体现"：

1. 体现预设与生成的统一

教案是预设的，这种预设体现施教者的计划性，体现其对教材文本的尊重与依托。但教师在教学中又需要生成，生成体现学生的本体地位，体现对学生的尊重。预设是计划性和稳定的，生成是动态性与开放的。

可见，预设与生成是辩证的对立统一体。如何才能达到一种动态中的平衡呢？备课中要怎么做呢？

一是预设要精心，但不能僵化。凡事预则立，因为课堂上若没有教师课前的精心筹划，教学目标指向和过程结构就会松散或零乱。但如果过于严密、时间掌握全被教师"霸占"，那么，学生的参与介入思维的活动就无法被充分体现。

二是确立课堂现场的教学生成意识。由于精心的预设无法全部预知精彩的生成，而预设中若过分追求教师的主导也不利于随堂的生成，因此，教师在备课与授课中应确立生成意识。教案的表达中要有激活学生思维的启示语和相关的做法，给学生有参与和发表自己想法的想象空间。上海浦江三小顾玉红老师在《语文课堂开放以后》的案例中写道：我在执教《天窗》这一课时，在引导学生体会天窗使孩子们想象丰富起来，领略了"天窗神奇"之后，就让学生试着走进自己的生活世界和想象世界："你会从小玻璃上的（　　　），想象到（　　　）。"这是一个充满情趣的话题，（学生思考一分多钟后）精彩的交流如期而至……这是教师自我冲破"标准答案"的束缚，创造随堂互动所

带来的生动效果。

教师有了促进生成的意识,那么教学时遇到某学生答题中出现教案预设之外的精彩,或出现"不速之客"等现象,教师要有心理准备,灵活应对,切不可拘泥于教案中的安排,其实巧妙利用意外或借助学生的智慧,会产生教师意想不到的教学效果。

但如果一味追求课堂上即时的"生成",也会因缺乏有效的控制和引导,出现"放而失度"的现象。因此,我们要理性地看待"预设"和"生成",预设要有弹性、有留白的空间,以便在目标实施中能宽容地、开放地纳入始料未及的"生成"。对学生积极的、正面的、价值高的"生成"要大加鼓励、利用;对消极的、负面的、价值低的"生成",应采取更为机智的方法,让其思维"归队",回到预设的教学安排上来。课堂教学因预设而有序,因生成而精彩。

以下是2011年广西网联计划之城区义务教育骨干教师"备好课"专题远程培训中的教学案例:

> 二年级的一个班级学《北京亮起来了》一课,读到"长安街华灯高照,川流不息的汽车,灯光闪烁,像银河从天而降"一句,有学生提出银河是什么,立刻有几个学生举手要求告诉他。有的说银河是星星组成的,有的说银河很宽很宽,还有一位学生说我知道牛郎织女的故事,于是老师就让他讲了这个故事。这位学生讲了一分多钟,讲得很生动,其他学生也听得很专心。课后评议,对这一环节的处理颇有争议:有的老师认为是"节外生枝",浪费时间;有的老师则认为讲了听了对学生也有提高。

对于这种不是所谓"紧扣教材"的"节外生枝"的生成,教师本着尊重学生,爱护学生的探究心理,应该给学生发表见解的时间。语文教学如果过于功利性,不给学生随机拓展、放飞一下心情,也是不符合课改精神的。当然,拓展不宜离题太远。

2. 体现生活化与经验

教材源于科学也源于生活。新课程把关注生活和经验作为编制原则,使"文本课程"和"体验课程"两大特性兼备。

现在理科教学十分强调与学生的生活实际相联系。如小学新课标指出:小学数学教学,要紧密联系学生的生活实际,从学生的生活经验和已有知识出发,创设生动有趣的情境,引导学生开展观察、操作、猜想、推理、交流等活动,使学生通过数学活动,掌握基本的数学知识和技能,初步学会从数学的角度去观察事物、思考问题,激发对数学的兴趣，以及学好数学的愿望。根据这一理念，我们在教学中要充分关注数学教学的"生活化"的体现。

备课中，教师要留心收集、整理、筛选源于生活的学科知识和辅助材料，以便将它融入教学设计。

2006年我在担任华东师大网络学院（今开放教育学院）教师职务培训课程中，发现南汇县网络培训学员李建军对初三语文《第二次考试》的教法所提供的案例很能反映他教学中的学生观和生成观：

这是一篇十分感人的文章。所以我把朗读（朗读全文和朗读能表现人物品质的句子）作为本文的主要教学手段之一。

这是一篇看似浅显实则耐人寻味的好文章。所以我把教师精巧设问、层层深入与学生的积极质疑、主动探究紧密结合起来作为本文的又一主要教学手段。

这是一篇很有教育意义的文章。所以我尝试创设情境，激发学生的道德反思，升华学生的思想情操，在最后一个教学环节中我设计了这样的一些问题：假如你有机会遇到陈伊玲，你最想对她说的一句话（一段话）是：_____。

假如你有机会遇到苏教授，你最想对他说的一句话（一段话）是：_____。

这个环节的设计，既训练了学生的口头表达的能力，又培养了学生高尚的思想情操）。

① 通过朗读感悟的方法，引导学生把握文章的基本内容和主要情节。

② 通过合作交流的方法，引导学生抓住能反映人物品质的主要句子，把握主人公的主要品质和本文主题。

③ 通过质疑交流的方法，引导学生深入地理解本文的标题含义、详略安排、陈伊铃为什么不讲明自己第二次考试失常的原因等，从而提高学生的小说鉴赏的水平。

教师要努力做到：用生活创设情境；用生活引导学生解决一些问题；让文本知识服务于生活；用学科知识去创造"生活"。其实上述几个途径，教师只要在1—2个方面有所突破的话，那么课堂教学便会生动起来。

3. 体现向学习方式转变

学习方式的转变是新课程改革的显著特征。改变原有的单一、被动的学习方式，建立学生主体性的多样化的学习方式,是新教改的核心任务。这就要求教师要构建旨在培养创新精神和实践能力的学习方式及其对应的教学方式。

教案要从"教会学生学习"的指导思想出发,把教学过程变成学生的主体性、能动性、独特性不断在教学情境中生成、张扬、发展、提升的过程。从教师以讲为主到以引导学生以学为主,促使学生"主动自学"和"发现问题",然后进入解读课文的实质性阶段,这是许多语文教师在新课堂教学中喜欢采用的。

以下是浙江省湖州市千金中学吴玉琴老师的一段教案和她的自我点评:

　　人教版七年级上册,王家新的诗《在山的那边》是7—9年级语文学习阶段的第一课。对刚进初中的农村学生来说,要读懂诗的含义有一定难度。诗歌语言凝练,除了字面上的意思外,往往还有深层含义。这就要求老师引导学生进行自主探究阅读。

　　1. 学习活动的开端——自主意识的激发:

　　学生反复朗读诗文,说说读懂了什么,将读不懂的记下来。学生初读时主要碰到了这些问题:

　　(1)诗人好像没真正见到大海。

　　(2)诗人只是想象出一个海——"信念凝成的海",那是什么?

　　(3)山那边的青山,为什么"铁青着脸"?

　　(4)一座座山顶为什么诱惑着我?

　　(5)"海潮漫湿枯干的心灵"是什么意思?

　　(6)"全新的世界"是什么?

　　⋯⋯

点评:这个环节激发学生主动发现问题、提出问题,培养学生的问题意识。假如每课教学都设计这样一个环节,教师便能引导学生经历"没有问题——提许多但是质量不高的问题——能提有质量的问题"这样一个问题形成能力过程。

这种自主探究阅读较好地打破了传统的教师讲解分析式和自问自答式解读,让与文本对话也成为学生的一种学习方式。

4. 体现差异教学

现代学习方式的另一个特点是特独性,因为每个学生都有自己的独特的内心世界、精神世界和内在感受。独特性也意味着差异性、层次性。如果我们把差异看成一种资源去开发和利用的话，那正是新课程理念所倡导的。备课时，教师可从如下几方面构思：一是确立学生的个性与层次性意识，教案设计要体现分层次学生的接受力；二是实行分层教学，至少关注 A、B、C 三个档次学生目标与过程的差异；三是可适当开展分层的课外辅导，分层布置作业与个别化批改。

为分层教学而设计的教案要根据学生的学情和能力，来设计不同的个性化教案。它包括确定不同的教学目标，筛选不同的教师教学内容，设计不同的课堂提问，编写不同的作业题目等等。尽可能使不同层次的学生在教学中都有自己的认知领域和体验成功的机会，各有收获。

一位上信息技术课的教师在他的教学构思中认为：

> 要针对每个学生的潜能进行富有激励性的差异评价，使评价成为激发不同层次学生学好信息技术的催化剂。基础好、进步快的学生，自信心比较强，对他们的评价要严格，不但要求他们能够正确解答，完成教师布置的任务，还要求他们用不同的方法解决问题。学习有困难的学生基础差、进步慢，自卑感较强，应尽量地寻找他们的闪光点，用激励的语言评价，帮助他们树立信心，提高学习的兴趣，使他们时常得到成功的喜悦。

可见，差异教学要求教师备课时，预设不宜圆满、呆板、僵化，要在教学过程中洞察学生潜能的各种表现，并将其作为课堂的资源加以引进或诱导。对学习困难生更要细观察善发现，创造使他们适应班集体学习进度的学习环境。

启迪点

1. 原来教案不能被简单理解为教师个体对教学的随性的书面表达，它需要符合基本的规范，需要体现新课改的基本理念。上述教案的"四个体现"，是一堂符合现代课堂要求所应具备的基本特征，从构思到流程，从预设到临场生成都要兼顾"四个体现"。

2. 教案的撰写要求是为更好地实现"三维"教学目标而提出的，但不同学科、不同教学内容和不一样的课型，对教案的要求会有不同侧重或倾向，我们在教学实践中应学会选择性适应。

反思点

1. 曾经观察一位青年教师的课,发现他的专业知识较扎实,与本学科相关的社会知识也很丰富,但课堂进行中随意性和个人的任性影响了他的施教效果。课后阅读他的教案,才发现很不规范。可见教案的马虎会导致教学效果的弱化。

2. 教案文本是教师谋划、构思与具体操作方案的综合体,教案表达的片面性有如下几种:一是教案过于详细周到束缚了自己授课的机动性;二是仅突出被细化的教学过程;三是理科教案只写上课例题与练习。以上三种现象都会弱化自己的预设效果,有这种现象的教师要反思后给予纠正。

第四节　教案的格式与类型

学习点

1. 了解教案的格式与类型。

2. 理解不同教案格式与类型的背景与设计思想。

一、教案的格式

教案即教学方案。近年来,教学改革主攻方向和主导思想的差异致使教学因素和教案的基本要求方面,在处理教案的表达内容、功能赋予以及序列上有所差异。如今用表格形式写教案比较盛行。

1. 项目表格化

表 1

班级		科目		教师	年　月　日
教材分析	地位与作用				
	特点与教材处理				
	重点、难点				
教学目标					
教法教具					
教学过程					
教学后记					

上述表1^①是比较传统的表格式教案，它重视教材分析与处理，体现基于教材的教学特点，从新课程新课堂所追求的课堂改革上看有许多不足，尤其是没有充分重视学情的分析。但似乎在某些中小学校教师中仍然被采用。

施良方、崔允漷主编的《教学理论：课堂教学的原理、策略与研究》一书中，对教案一般格式和中小学常用的几种教案类型作了如下归纳：

由于教学在时间顺序上一般分为四段：导入、呈现、运用与总结，所以教案就按这一序列计划。教案的主体部分可以进一步纵向划分为左侧的"内容"栏和右侧的"方法"栏。

在"内容"栏中，可以清晰具体地陈述想做什么，同时考虑使内容尽量按逻辑顺序排列起来。根据内容的数量和性质，表明打算如何教所教内容，主要涉及教学行为与教学组织形式。在某种程度上，这是教案中最难写的部分。如果要使之对自己有意义和价值，必须避免写一些无意义的或无所助益的话，如"激发儿童对该课题的兴趣"或"向全班提问"等，应该写出更具体的课堂行为。

"方法"栏可以陈述采取怎样的组织形式（个别教学、小组教学、全班教学还是自由活动），学生和教师要做的事。如，如何运用黑板（课前写好，还是随课展开逐渐书写），如何运用各种材料，如何做笔记（独立做，在指导下做，还是听写），作业的布置，评价技术等等。

有时，在教案主体部分后面可再加上一个简短的"备注"，这部分十分有用，它可以包括教案中其他部分不易包容的信息和评论。如对问题与困难的预想，课的某一点上可采取的其他行动过程，可能包括根据班级或时间因素而对材料进行的省略或扩充等等。这部分的价值还在于，教师在实施前可以在脑中反复排演课的方方面面（时间安排、组织、材料的量），或者设想在教学现场引入其他的计划。以下表格格式是一种规范的教案格式，这种格式基本上包含了教案的全部内容。实际上，教案是个人化、情景化的产物，它随不同的教师、不同的学科、不同的目标以及不同的情景而有所不同，因此必须记住，所给的格式及其所列的指标都不是固定的，下面介绍几种常用的教案。

---

① 此表选自赖志奎，方善森主编：《现代教育理论与实践》，杭州大学出版社，1996年第1版，第205页。本书采用时略有更改。

教案格式范例

教案标题格式	科目：　　　　教师：　　　　日期： 班级：　　　　人数：　　　　时间长度：
目标：	
材料和设备：	

内容	方法
阶段1：导入 阶段2：呈现 分阶段① 分阶段② 分阶段③等 阶段3：运用 阶段4：总结	

备　注：	

艺术欣赏课教案：

艺术欣赏课既涉及理智的理解，也涉及情感的反应。要使儿童能获得最大的美感体验，就需要发展和促进两方面的素质——头脑的开放性和探索的愿望。这些特性支配着典型的欣赏课的一般特征，即这类课比其他学习情景结构更松散，更开放。这种开放性在于，这种课能呈现给儿童新的、首创的和独特的刺激（如一首诗、一幅画或一首歌），最终儿童必须建立他自己与其内在的联系。因此，教师不必在意对艺术作品或儿童反应的评价，也不必关注再现甚至是保持，这种课的目标是发展儿童对本科目的持久的喜爱的态度，建立一套可以接受的美学价值体系。因此，这类课的重点主要放在呈现和体验刺激物上，这类教案可以采取如下框架：

教案标题格式	
内容	方法
阶段1：导入 阶段2：呈现(需要时再分小阶段) 阶段3：继续	

技能课教案：

课堂教学目标涉及许多不同种类或性质的技能,因此,技能课的计划也有许多种形式。决定这种计划的一个因素是某种技能知识是一个简单的技能,还是复杂技能。如果是复杂的话,它还必须被分解成各个成分。另一个需要考虑的因素是技能的实践应该紧随示范之后进行。下面两种方案中的第一种适用于比较简单的技能,第二种适用于需要分解的复杂技能。

教案标题格式	
内容	方法
阶段1：导入 阶段2：示范 　　分阶段① 　　分阶段②等 阶段3：运用	

教案标题格式	
内容	方法
阶段1：导入 阶段2：呈现 　　分阶段①示范运用 　　分阶段②示范运用 　　分阶段③示范运用 阶段3：运用	

体育活动课教案：

由于体育活动课与文化知识课的性质和课程目标不一样,因此它们的教案形式也应该有所区别。较常见的一种教案格式是：

教案标题格式		
学习活动	教学要点	组织方式
(1)		
(2)		
(3)等		

这一类型的计划还可以进一步横向划分,每一部分的标题取决于课中所包含的

内容。

体育课要求科学安排好课的运动负荷,以增强学生体质与技能掌握的有效性,因而强调训练的强度与密度。这些还要在表前或表内作明确表达。

吴亚萍、王芳编著的《备课的变革》对表格化教案设计作了更符合现代教学理念的表达:

新课堂教学设计表

姓名		学校		年级	
课题					
教学 目标 确定 依据	1. 教材分析 2. 学生分析				
教学 目标	(包括知识、技能;过程与方法;情感、态度与价值观)				

教学环节	教师活动	学生活动	设计意图
新课导入			
核心过程			
开放延伸			

注:原著在表中有文字说明,此处省略。

这种教学设计表包容了许多现代课堂教学的新理念:

一是把"教材分析与学生分析"作为"目标"确认的背景与依据,让执教者对"目标"有更完整的认识。

二是把教学过程看成师生双方的学习共进的过程,体现教是为了促进学的课堂教学观。

三是促进教师备课中的潜性思维显性化,让教师把"为什么这样教"说明白。

2. 项目与表格结合

华东师大叶澜教授在其主编的《"新基础教育"推广性研究》一书中，为体现素质教育理念和教改实验的过程特点，将数学学科的教学设计格式确定为：

【课题】

【教学目标】

【教学重点】

【学具准备】

【教具准备】

【教学过程】

【板书设计】

【课后教学笔记】

其中【教学过程】用表格形式表现：

教学内容	教师活动	学生活动	设计意图

这种项目化分段表达和表格化呈现的教案结构，比较符合理科教学的特点，因为理科常依托学具与教具进行实践式教学，把板书作为重要内容显现，能把逻辑推理与例题验证表达出来。

为体现学生学习的主体性，加强导学的教学设计，在表格化分栏的内容上作了改进，其教案结构是：

【教材分析】

【学生分析】

【教学目标】

【教学重点和难点】

【教学准备】

【教学过程】

第一环节

学生活动	指导要点

（行为观测点：　　　　　　　　　　）

第二环节

学生活动	指导要点

（行为观测点：　　　　　　　　　　）

这是一种对学生自学行为的指导方案,让学生根据教师提供的"学生单"完成观察、记录、讨论、交流的学习活动以及对应的教师指导语言和行为的表格化设计。

教案是为课堂教学而准备的书面计划,它本身涉及的问题很多。教案格式的改革与变化,反映了教育思想和教育行为的变化。对教案格式问题,我们应作如下理性的思考:

第一,教案书写不存在适用于所有课的固定的、严格的唯一模式。

第二,教案的格式与项目的呈现,既是基于教师施教过程中的需要、教学改革与教学研究的需要,更是为学生服务的需要。

第三,研究表明,课时计划充分的教师对学生反应反倒不敏感,较少鼓励学生谈自己的看法和进行讨论。可见,倘若教师不随机应变,发挥自己的教学机智,计划就可能起副作用。这是因为计划毕竟是主观设计的方案,而学生却是客观变化的。

二、其他类型教案

教案以基本组成部分来分类,有完全式与不完全式两大类,常见完全式教案有:以上介绍的文字叙述式、文字与表格结合式,还有体育学科图表式;常见不完全式教案有:卡片式、系列板书式、习题式和批注式等。

这里主要介绍一些不完全式的教案,它们客观地产生于教学经验较为丰富的老教师群体之中，当然也有不少老教师认为不要写不完全式教案，因为它容易造成课堂教学的随意性。

1. "0"型教案

有多年教学经验、长期从事某年级教学的教师，为了避免教案基本内容的重复书写，他们在旧教案中圈点、批注和修改，在教材、教参上批注，标出重点、难点以及需要补充的例题或资料。也就是说，不必每课都要有一纸新教案。

"0"型教案不宜在青年教师中提倡，因为他们教学经验不足，教学知识和技能的储备不足，也未形成体系，倘若用批注、圈画替代新教案势必弱化自己的教学效果。

2. 卡片式教案

把教学纲要书写在文摘卡上的教案称为卡片式教案，主要文字内容是板书系列、重点和难点、易遗忘的要点以及重要的补充材料等。上课时，教师将写有教学纲要的卡片放在一边，作为教学进程计划，另一侧则放其他内容如数据、案例、例题等的卡片，必要时抽出浏览。这类教案的特点是概括性强，形式灵活，便于修改、补充、更换。它似乎较符合社会学科类的教学。富有教学经验的老教师中不少人善于使用"卡片教案"，因为他们腹中还有"隐性"教案，可以在临场实施。

3. 系列板书式教案

此类教案是以较系统的板书构成，教师将教学中的主要内容整理成纲要信息系统，分成一组或几组展示，并与教学的不同阶段同步。此类板书式教案很强调知识的结构和系统，有利于帮助学生归纳知识、整理知识，可在复习课时使用。

4. 习题式教案

习题式教案将各类习题由浅到深、前后题知识点紧密相扣形成解题思路，使学生产生疑问和求知的欲望。这类教案在数理化等学科的复习课中能发挥较好的作用。

这类习题在设计时，要努力做到"引入新课"以小型题、趣味题为主；巩固训练时以"少而精"的习题为主；布置作业的习题要全面而有一定层次。

上述几类教案，对于青年教师来说原则上不宜提倡，道理很简单，没有丰富教学经验和临场经验积累的青年教师，不花较多的时间精心备课的话，课堂教学效果往往不佳。

启迪点

1. 教案是为上课而准备的，上怎样的课，就要配怎样的教案。我们也许不完全是先学教案的某些格式再去上课，而是要自己希望带着怎样的理念和实现怎样的课堂状态,再去选择或自创教案的格式和类型。

2. 只要深度分析一下上述的教案格式和类型,参考一下他人、他校教师的教案,你便会发现:各种教案都体现执教者的教学思想和行为走向。当你对任何新教学理念有自己的体悟和内化后,要实践新教法就得首先从设计一份好教案开始。

◍ 反思点

形式服务于内容。反思一下,如果仅仅为了体现一种"新颖",而接纳一种格式化的教案,那么表格里的文字可能只是传统教案的"翻版",你可能只是在做一道填充题而已,课堂教学可能并没有什么改变。

第五节　基于多媒体的教案

◍ 学习点

1. 了解多媒体的基本特点和各种表达形式。

2. 知道并熟悉多媒体教学的原则。

3. 了解多媒体教学中常见的误区,学会分析这些误区产生的根源。

随着信息技术的发展和电脑的普及,许多中小学建立了校园网页并与区、县教育网连接,纸质教案已经在很大程度上被电子教案所替代,课堂教学还增添了多媒体课件等,教案的表达有了许多质的变化。

一、电子教案

在具备了教师人手一台电脑的条件下,用电脑书写教案成为教师们的首选。打字、修改、复制、粘贴十分方便,因而让教师个人与团队备课出现新面貌:

1. 电子教案编写过程比纸质教案更加便捷和生动。有了电子技术,教案书写可以不像纸质那样"落笔成型"、难以大规模修改,即电子稿可以逐段写、逐段修改或进行段落调整。电子稿的这种功能,让教师的教案从构思到成文成型,有了更多的深思熟虑的空间。

2. 有了电子稿文本教案,可以将老教案贮存,也可以不断更新或转换成其他文本;可将电子教案传入教师团队或校际专网,开展交流、互评等活动。

3. 将电子稿教案纳入专项课题研究项目,还可以在校内和校际广泛开展备课、说课、观课、评课活动,使校本教研和校本研修的内容与形式更加生动活泼。

4. 可以通过电子邮箱等载体传递,将电子教案输入 U 盘便于携带。由于电脑上网搜索功能十分强大,网上浏览和下载他人或名师的教案很容易,使得少数教师备课时会依赖于网络,或全部复制或局部下载改编。这样做将大大弱化自己独立撰写教案的能力,采用他人教案去授课,实践证明其教学效果并不理想。

二、多媒体课件

多媒体课件是以多种媒体的表现方式和超文本结构制作而成的课程软件。它是依据课程标准和教学设计要求编制的。这种教学辅助工具,能把文字、图形、图像、声音、动画、影像等多种媒体素材在时间与空间的双向集成中融为一体并赋予交互表现的特性。

1. 多媒体课件特点

(1) 丰富而多彩的表现力

多媒体课件能够自然而逼真地表现出多姿多彩的视觉与听觉世界;能把宏观和微观事物甚至无形事物通过模拟、抽象生动而直观地呈现出来。它很大程度上弥补了教师语言、文字以及平面图形无法生动、真切表达的缺陷。

(2) 良好的交互性

课件表达的跨时空性、信息的多样性和动态性,让掌控者可以进行交互式控制,使教学活动更加生动活泼、多姿多彩。根据设计者意图,多媒体课件还可被纳入教学策略、教学程序的运作之中,提高教学有效性。

(3) 强大的共享性

由于网络技术的发展,多媒体课件信息可通过网络自由跨时空的传输,使双方或多方共享成为可能。教师在组内、年级内、校际甚至地区之间的共享、互动、研讨都可成为现实。这样,共享的课件可以在更大范围内促进教法和教学过程的优化。

2. 多媒体备课表达形式

(1) 演示型课件特点

演示型课件是在多媒体教室或多媒体网络环境下,由教师向全体学生播放的教学软件,它可以演示教学过程,创建教学情境或进行标准示范等,达到从抽象走向形象化的目标。它具有直观、生动、形象和程序性进展等许多特点。

(2) 交互型课件特点

具有交互功能的课件,可使师生在教学中双向互动,不仅能使学生通过与老师、同学互动获得知识的理解和运用,而且在交流中实现情感和人格的完善。

交互功能设计中尤其要做到能根据学生实际情况、临场思维反应来呈现学习内容。如果需要学生通过计算机操作,事先要培训学生掌握包括电脑操作和相关软件操作的技能。授课时,要尽量设计各种让学生有自主性和创造性的学习探究活动。

(3)流程图型课件

流程图型要求教师备课时先设计好教学过程环节,把各个阶段学习内容以任务形式展现出来,而每个环节都有教与学活动。这种课件可以采用超文本链接方式,让学生发挥主动学习、创造性学习的潜能。

此外,还有其他一些课件的制作和应用,如一些理科的能让实验的真实感放大浏览与互动的实验软件。

三、教学网页

如果说多种形式的多媒体课件是教师教案中的教学过程的信息化载体(因为课件只是教案表达的局部"附属部件"),那么教学网页就是教师教案的网上拓展。教学研究者认为:务必掌握好多媒体课件的科学性与人性化运用,不宜误入"机械的、程序化的课件圈套",要让学生有更生动的自主学习空间。因此,许多教师还利用网络技术,运用网络的互动性,制作教学网页。

教学网页可以不受课程预订目标的限制,为学生拓展性学习和探究性学习提供载体。如语文学习中作者背景资料、文章评论,理科的科学发现和创造,学生作业练习的引导等。教学网页有着比课堂更大更灵活的教与学活动空间,有利于学生自学和独立思考。有的教学网页还有互动平台,供学生和老师就某些问题展开讨论。

四、多媒体教学应用原则和误区

(一)多媒体教学原则

多媒体引进课堂,让课堂有了图文并茂、声像俱佳、动静并备和跨时空的表现形式,其表现力非凡、思维的穿透性很强,将课堂教学引入全新的境界。多媒体是软件,是为教师教学服务的载体与工具,因此它是从属的、辅助性的,从这个观点出发看多媒体教学原则应体现如下几方面。

1.辅助性原则

教师在课堂教学中是主导者,而多媒体在教学过程中尽管有强大的表现力,其地位与作用始终是辅助性的。教师自我设计课堂并按事先安排的教学策略和过程阶段进行教学,占课堂信息流的主体地位,这是毋庸置疑的。多媒体介入课堂其作用与功效,都只是在教师的掌控中起从属性的辅助作用。

2. 针对性原则

既然多媒体是辅助性的,那么它不可能全方位、全程替代教师的教学。针对性原则体现在如下几点:

(1) 不是所有教学内容都得用多媒体,教师要从教学目标、内容和过程中选择匹配的(或制作相应的)课件。

(2) 以突破或化解教学重点、难点为原则,以优化课堂内容与效果为宗旨来选择和应用多媒体。

(3) 坚持将适用性、补充性、借助性作为选择方向。不宜将说得清的简单问题,因多媒体介入反而变得复杂化;若用实物、挂图、模型、实验等能达到教学目的,就不必使用多媒体。

3. 适度性原则

多媒体辅助手段确实能够弥补传统教学的许多不足,但它不是万能的,不可能也不必在每一节课堂上使用。过度使用,夸大使用以及用之不得法都是不妥的。

4. 交互性原则

向传统的教学模式注入现代教学理念,采用全新的有效教学措施或构建基于核心素养的课堂教学设计,都将迎来符合新教学目标的课堂。而多媒体使用不仅有助于传统课堂的改造与创新,也使得新教学理念指导下的课堂更加精彩。我们还应当看到多媒体的功效和生命力更依赖于师生交互式教与学的活动。这种交互式的教学效能,其实还依托于教师的情感化教学、科学精神和个人魅力,因为后者是多媒体课件无法做到的。

(二) 多媒体教学的误区

1. 软硬件条件都不成熟,粗制滥造课件,为追时髦为使用而使用,教学效果适得其反。

2. 多媒体只为公开课使用,平时课堂教学难觅踪影。

3. 把多媒体视为"全能选手",从教师字词句段到朗读和练习全部依赖多媒体。在多媒体主导下,教师成为"展览会的讲解员"或 PPT 的"朗读者"。这种"教师随着多媒体走"的做法与传统教学中"老师牵着学生走"的危害无异。

4. 只把多媒体作为教师教学拓展的工具或让其充当"教"的方法和手段,突出了教师各种"表演"角色,而忽视了多媒体的交互功能,学生参与现场学习活动被弱化。

📝 **启迪点**

1. 现代信息技术的介入,将给传统课堂教学带来生机和活力,但不能一头扎进多媒体技能化的模块中难以自拔。课堂教学的规则、原理、目标和策略始终是教师设计课堂教学的出发点,基于学情、为学生服务则是设计教学过程的主导因素,只有在此基础上再去驾驭与使用现代信息技术才是正道。

2. 只有坚持高位审视和策略化备课,才能准确遵循多媒体教学的 4 大原则,并能充分应用相关多媒体彰显个人教学的特色魅力。

💡 **反思点**

部分青年教师往往会在不经意间跌入多媒体教学的误区,只有在专家或同伴参与备课、评课活动后才开始反思,因此学习本节似可帮助有关教师在备课时,正确设计基于多媒体的教学策略。

第六节　教学设计、学案和学历案

🔍 **学习点**

1. 知道教案与教学设计的差别,理解从普通教案上升为教学设计的思维路径和方法。

2. 认识教学设计的特点和要素构成,初步理解教学设计在构建新课堂教学中的意义。

3. 了解学案和学历案的构思特点,辩证认识学案与学历案的地位与作用。

青年教师通过若干年教学经验积累后,对备课教案的撰写已经相当熟悉。有的青年教师为追求新颖,便把所有教案都称为"教学设计"或"教案设计"。其实严格意义上的教学设计,其思维深刻、思考周全,要把常规的、随手而成的教案提升为教学设计并非易事。那么什么是教学设计呢?

因为教学有目标要求,有影响教学的诸多因素,因此教案背后要有正确的指导思想,要有系统与综合思维的介入。这样教育学者们便提出了在系统理论指导下的教学设计,让教师在最大程度上摆脱传统教学思想的束缚,以崭新的教学理论改造备课思维。

根据教学系统的特征,国外学者布里格斯认为:"教学设计是分析学习需要和目标以形成满足学习需要的传递系统的全过程。"①教学设计可以包括传统的教案、学案、评价方式，甚至学生问题的创设、教具的应用等。可见，教学设计的概念高位于教案。

一、教案与教学设计的区别

1. 层次与范畴的不同

一般意义上的教案是指授课教师的课时计划，是以课时为单元设计的具体教学方案。它是教育科学领域的一个基本概念。

而教学设计是"设计"被引入教学领域后形成的，受建筑业、工业和军事等领域设计活动思想的启发和影响的，具有系统性思维的过程方案。教学设计也称教学系统设计，是教育技术学科的重要分支，它采用系统分析方法，以解决教学问题、优化教学效果为目的，以传播理论、学习理论和教学理论为基础，具有很强的理论性、科学性、再现性和操作性。而课堂教学设计则属于微观教学设计范畴。课堂教学设计是各种大小不同层次的教学设计中，运用最多的一个层次。从研究范围上讲，教案只是教学设计的重要内容。

2. 构思的指导思想不同

教案尤其传统的教案往往是以"课堂、教师、教材"为中心，以教师怎样教来编写。这样，必然倾向于对学生进行封闭式知识传授和技能训练，而忽视了学生的主体地位。

教学设计更重视学生的学、怎样教学生学得更好，以达到更好的教学效果。为了促使教师主导与学生主体地位的辩证统一，对学习者进行深入细致的特征分析，是教学设计不同于教案的重要方面。在现代信息技术发达的背景下，教学设计还非常重视对现有媒体的设计和充分利用，以创造良好的学习环境和学习效果。

传统的教案仅仅把教学目标表达为"是什么"，而教学设计把教学目标列为重要的设计项目，包括寻找目标的依据，分析目标的构成等。

此外，教学设计还把教学评价列入设计范畴，要求教师设计出形成性的评价方案。

3. 内在结构不同

教案的表达以教什么和怎么教为主要内容，项目包括教学目标、重点和难点、教学过程、教具的使用以及课型和时间分配等，重在体现课堂教学计划和安排。

从理论上讲，教学设计包括的内容十分丰富：有学习者的需要分析、学习内容分析、学习目标的阐明、教学策略的制定、媒体的分析与应用以及教学评价等方面。

---

① 孙可平著：《现代教学设计纲要》，陕西人民出版社，1998年版，第7页。

在实际的课堂教学中,主要进行学习目标、教学策略和教学评价三个主要要素的构建。

从上述比较中,我们可以看出教案的线性思维与浅层性构思,使其只能是一种经验科学的产物,而新课程、新课堂以及现代信息技术的广泛运用,使教案的项目构成产生了不少变化,新式教案已部分包容了教学设计的若干项目。由于教学设计有对应的理论指导,其基于教学对象的研究和评价的介入,似乎比传统的教案更完美,但是在现实的日常教学中,要求教师都能撰写出一份完美的教学设计是有困难的。但是我们仍然可以在改造教案中,引进教学设计的思维,扩大与深化对备课要素的分析,让教案更适应于新课堂教学的需要。

二、关于教学设计

教学设计以教学过程为研究项目,用系统方法分析参与教学过程的各个要素,尤其着重分析学习需要、学习内容和学习者特征方面的内容。北京师范大学教育技术学博士杨开城与李文光对教学设计作了更具体且分项目的陈述:"教学设计是运用系统方法分析教学问题和确定教学目标,建立解决教学的策略方案、试行解决方案,评价试行结果和对方案进行修改的过程。"我们从中可看出教学设计的"概貌"。可见,教学设计会给教师提供一个比传统教案更科学更全面的教学实践方案。

1. 教学设计的基本特点

(1)教学设计强调系统思维与方法。因为教学过程是由诸多要素构成的,相互影响的系统,因此,必须以系统论的思维与方法来处置。要从"教什么"入手,对学习需要、学习内容、学习者进行分析;然后再从"怎么教"入手,确定目标和实施策略,再精选媒体等教学手段,以促成教学效果的提升。另外,还要配以绩效评估、多方收集反馈信息,用于调控设计的各个环节,以确保教与学的有效性。

(2)教学设计以学习者为出发点。这与课程改革所追求的学生为主体,改善学生学习方式的目的是相互一致的。但教学设计对学生的研究似乎更全面、更深入,它表现在如下几个方面:一是分析学习者特征后要将其作为教学设计的依据;二是看重学生的潜能的挖掘,以促进学习者内部学习过程的发生和有效进行;三是关注学习者的差异,着重考虑对个体学习者的指导作用。

(3)教学设计的教学理论以学习理论为理论基础。教学是科学也是艺术,但首先要是科学的,只有把教与学的理论共同介入,才能设计出科学的教学目标、教学程序、教学内容和教学策略。而多媒体的构件与体系则服从于设计思想,以充分发挥其独特的效能。

（4）教学设计是一个解决问题的过程。教学设计不同于传统的教案的线性的、完成教学任务的思维，它以问题的系统化解决，来确定方法和策略。学习者的分析与研究被置于中心地位，形成教学活动的优化运行机制。

2. 教学设计模式的基本要素

根据教学设计的一般特点和思维构成，我们大致可勾画出教学模式最基本的要素，这些要素是模式的支柱，随后介入教学理论与学习理论的思维要素，从而促成一个教学设计的完成。

一是教学对象。现代教学论和学生学习论都把教学对象——学生，看成中心要素予以研究。以学习者为中心的教学设计是设计的基点与主线，要把学习者知识基础、能力基础、心理特点与倾向作为最原始的分析材料，进而判定学习者的"初始状态"，确认学习者的发展的可能空间。

二是教学目标。"教学目标"在教学设计中，是一项基本要求。它基于课程目标和单元目标，但在具体设计时，要将目标进行细化，要求尽量可观察、可检测，甚至可量化。这项工作当然是在分析学习需要、学习内容和学习者的基础上进行的。教学目标一旦确认，设计就此展开，以目标为导向，形成对应的策略与过程。

三是教学策略。策略是在目标确认之后，所构思的"方法"与"步骤"。策略的依据是教学任务和学生特征，策略的形成是在选择、组合和安排中进行的，包括如何选择与组合教学内容，采用怎样的教学组织形式、教学媒体的优化介入，选择何种教的方法与学的方法，以便形成具有效率意义的特定的教学方案等。

教学策略的要素构成比较复杂，在考虑教与学的师生因素和教学内容构成后，要以优化、高效为原则，确定并安排教学形式、环节、步骤和方式方法。

四是教学评价。教学设计评价，实际上是指对教学设计进行形成性评价。对教学设计者来说，主要精力要花在课堂随堂效果的检测上，如设计出课堂应用效果的简易测试题，以进行调控。另外，执教者应清楚如何处理学习者问题和应该教到什么程度，并明确在怎样的条件下给学习者提供怎样的帮助。

对评价者来说，主要任务是对所采用的教学形式、教学方法，安排的教学活动、步骤是否具体、可行等一系列问题作出检验。

三、新课堂教学设计表和流程图

完整的教学设计应包括以下 8 个方面的要素，徐英俊著的《教学设计》中流程图表如下所示。

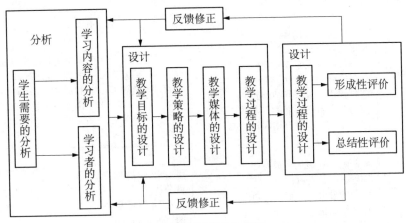

新课堂教学设计流程图

课堂教学设计讲究系统思考下的整体性：一课时、一单元、一学期与一学年之间是局部与整体的关系；教的设计与学的设计是相互构成、同生共长的一个整体；教学各环节、各要素之间也是有机的互为渗透的组合过程。为了使教学设计能进入文本化操作状态，以下选用吴亚萍、王芳编著的《备课的变革》书中的"新课堂教学设计表"供参考：

新课堂教学设计表①

姓名：	学校		年级：
课题：			
一、教学目标确定的依据 1. 教材分析 ● 该教学内容所处单元的知识结构分析 ● 该教学内容的教育价值分析 ● 体现教育价值的教学策略的选择和教材处理情况说明 2. 学生分析 ● 学生个体对于所要学习内容的已有经验和个体差异 ● 学生个体对于所要学习内容的各种可能与困难障碍分析 ● 学生发展的需要和对学生可能达到发展水平的估计 二、教学的具体目标			
教学过程设计			

---

① 吴亚萍，王芳编著：《备课的变革》，教育科学出版社，2007年7月版，第13页。

教学环节	教师活动	学生活动	设计意图
开放的导入	● 教师提出大问题 思考如何"放"下去？ 以怎样的方式呈现资源？ 如何有效利用这些资源？ 怎样促进生生、师生互动？ 应对学生各种可能的方案是什么？ 思考如何"收"得有层次？	学生对问题思考的可能状态分析	阐述为什么要这么设计的理由，体现哪些认识和追求，设计背后的理论支撑又是什么，等等。
核心过程推进	● 核心问题域的生成与展开 问题之间是否有内在关联？ 问题的思考是否有递进和提升？ 如何形成生生、师生的互动？ 如何放收合理、自如、有效？	可能形成的问题域分析 学生对问题思考的可能状态分析	
开放的延伸	● 总结提升与内容延伸 是否注意概括性的总结？ 是否注意学习方法结构的提炼？ 是否注意评价和反思质疑？		

作者对上述设计表作了五个方面说明，现简述如下：

1）对教材文本的解读与分析。表中的 3 点是一个有机整体，分析结构与内容价值都为了更好地"加工"与"激活"，并从中选择对应的策略。

2）对学生状况的解读与分析。学生的解读涉及面较广，包括学前状态；已有经验与个性；困难与障碍；需要与潜能；可能达到的发展水平等。

3）上述两项分析全都作为教学目标确定的依据，目标要注意可测评性、针对性，体现发展性要求。

4）教学过程注意展开"三放三开"的设计。一是以设计大问题为前提，并建立问题之间的关联性；二是将大问题"放下去"，面向全体学生开放，"重心下移"，促进生成；三是将学生生成与各种资源"收上来"，为下一步师生和生生互动提供资源；四是要考虑只有互动资源才有效，所以"收"也要有层次性。

5）要把各过程的意图作充分表达，以提升设计过程的理性层次。"意图"是设计之"魂"——教学价值观的具体体现。

四、关于"学案"与"学历案"

（一）关于学案

在课程与教学改革中，为改变以教师为中心的课堂教学模式，建立以学生为主体的课堂教学模式，一种备教与备学相结合，以备学为主的学案设计，近年来开始流行于基础教育的教改行动中。

什么是"学案"？"学案是指教师依据学生的认知水平、知识经验，为指导学生进行主动的知识建构而编制的学习方案。""学案"实质上是教师用以帮助学生掌握教材内容，沟通"学"与"教"的桥梁，也是培养学生自主学习和建构知识能力的一种重要媒介，具有"导读、导听、导思、导做"的作用。

1. 学案设计的内涵

"学案"是在教案基础上的变革，它在目标要求、课堂角色、教学方式方法上不同于教案。

教案，尤其是传统的教案是为教师上好课做准备的，往往会以教师为中心、按照单向而封闭的思路进行设计，角色上，教师既"导"又"演"而学生只是听众。学案则把目的定位为为学生自学提供指导，以学生为中心，进行师生互动、开放性学习活动，让学生学会学习。

学案的研究者还认为：学案应包括两层内容：一是给学生用的学案，即学习内容的设计；二是教师用的导案，它侧重于指导学生如何学，主要围绕学案中"问题讨论"或教材的重点、难点进行课堂教学设计。

2. 学案设计的要求

从"教案"到"学案"的转变并非易事，设计者要有正确的新课堂教学观和学生观，将传统的"教师怎么教"转化为"学生怎么学"的目标，把学习方案交给学生，制定出一套适应学生自学的程序、路径与方法。

学案的一般要求包括如下几点：一是理清教与学的关系，创造各种条件、营造自学氛围，给学生更多的自学、自问、自探、自做、自练的机会与方法，以体现学生学习的主体地位；二是引导学生独立思考，在实践中逐步实现"学会"与"会学"的统一，实现学科教学的知识体系和学科学习方式方法的统一；三是学案设计要有层次性和个性化，要充分考虑和适应不同层次学生的实际能力和知识水平，使学案有较大的弹性和适应性。

显然，学案是与教师上课基本同步的，是在课的行进中插入的。在学案实施中，许多教师认为：一份优秀的学案会产生如下良好的作用：1)激发动机与想象；2)围绕课标,拓展视野;3)训练学法,培养会学能力;4)面向全体,分层提高。

3. 学案一般项目

学习目标(或学习要点);重点、难点分析;学习思路;学法指导;同步练习;自我测评;小结。

赵才欣、韩艳梅编著的《如何备课》在"学案设计"中,有一篇《从百草园到三味书屋》简约型的学案设计,基本上体现了学案的特点:

《从百草园到三味书屋》学案设计①

第一课时:学习"百草园"部分

一、学习目标

(一)理解回忆性散文的双层观照,即百草园对"儿时鲁迅"的影响和"现在鲁迅"对百草园的再认识;

(二)感受百草园"乐园"与"学园"两种特性的合一,感受童年生活的美好;

(三)体会鲁迅的语言风格。

二、学习过程

让我们一起来欣赏一首带给我们美好记忆的歌曲《童年》。欣赏完了歌曲之后,你内心有什么感情要抒发吗?是呀,童年的记忆多么美好,童年的我们自由自在,无拘无束。今天,让我们一起跟随鲁迅走进他的童年,探寻他成长的足迹!现在,让我们去百草园走走看看吧!

(一)解读

1. 放读

带上一颗童心,寻找一种乐趣

(1)问题呈现:百草园曾是鲁迅儿时的乐园,那么它会是你的乐园吗?请同学们放声朗读描述"百草园"的内容,带上一颗童心,去寻找一种乐趣!

①玩乐中有乐趣;②故事中有乐趣;③实践中有乐趣。

(2)问题探究:

① 鲁迅成年时对百草园的记忆是"其中似乎确凿只有一些野草",这样的百草园怎么会是我儿时的乐园呢?

(因为对于儿时的"我",那是一个自由的世界,是一个自由嬉戏的场所。

---

① 赵才欣,韩艳梅编著:《如何备课》,华东师范大学出版社,2009年4月版,第93—95页。

在自由的心灵中,世界是美丽的,是魅力无穷的。百草园是孩子精神世界的乐园,不是大人的,也不是物质的。如果用大人的眼光来审视百草园,那显然它是无趣的;而鲁迅正是以孩子的视角来观照百草园的,所以字里行间才能渗透情趣。)

② 将"长妈妈曾经讲给我故事听"改为"长妈妈曾经讲给我一个迷信的、可笑的故事听",这样好吗? 为什么?

(与原句比,改句完全是用大人的视角来看故事。在儿时鲁迅的心目中,根本就是很认真地把长妈妈所讲的故事当回事的。而现在尽管已经完全明了了故事的性质,但鲁迅在叙述上依旧不添加现在的看法,字里行间处处留有空白,即将整个故事还原到了原始状态,保持了童趣,凸显了幽默。)

预设追问:

a. 长妈妈为何如此虔诚地给我讲这个"美女蛇"的故事呢?

b. 讲故事的背后隐藏的其实是长妈妈怎样的情感呢?

c. "美女蛇"的故事给儿时的鲁迅带来了什么呢?

d. 想想鲁迅当时的那些想法与举动,你内心产生的情感是怎么样的呢?

e. 鲁迅现在想起这事,内心是怀着一种怎样的情感呢?

f. 鲁迅用文字把这种情感直接表达出来了吗? 那么鲁迅是以什么身份叙述这个故事的呢?

g. 长妈妈讲述的故事完全是荒唐而可笑的,儿时的鲁迅固然不知,但今天的鲁迅早已知晓。可是鲁迅始终没有对长妈妈的行为给予一句的批评,从中你能感受到鲁迅先生的为人吗?

2. 默读

带上一颗慧心,寻找一种知识

(1)问题呈现:百草园的确是鲁迅儿时的乐园,那么在成年鲁迅的眼中,它还仅仅是乐园吗? 请同学们快速默读描述"百草园"的内容,带上一颗慧心,去寻找一分收获!

① 自然知识;②保护意识;③生活技能。

预设追问:

a. 这么多的知识,是在什么样的心灵状态下获得的呢?

b. 由此,我们是否可以揣测鲁迅先生写此文的目的除了回忆童年乐趣,还涉及了一个什么主题呢?

（二）结束

百草园是鲁迅儿时的"乐园"，也是鲁迅在那时未曾认识到的天然的"学园"。可是鲁迅终究是要随了大人的愿，去那真正的"学园"的，那么让我们一起在鲁迅的猜想中离开百草园，结束今天的童年之旅吧！

（二）关于学历案

"学历案"是近年来教学研究的新成果。"学历案"是关于学习经历或过程的方案，是教师为学生意义与价值的习得（经验增长）而专门设计的学习经历的教学方案，旨在帮助学生更好地"在（投入）学习"，经历"真学习"，以实现何以学会（教学的价值）。它是教师收集学习信息的依据，是教师把握学生经验、有效实施教学的手段。

华东师大课程与教学研究所崔允漷教授在他的"学历案：微课程设计"讲座中，作如下解说：

"何为学历案（微课程方案）？教师为了便于儿童自主或社会建构经验，围绕某个具体学习单位，进行专业化设计的方案。"

"是教师专门预设的，基于班级教学、给学生学习用的方案。"

"就某一学习内容，呈现学生从不知（会）到知（会）、少知（会）到多知（会）的历程。"

"是课程计划、认知地图、学习档案、互动载体、监测依据。"

可见，"学历案"是由教师设计的，用来规范或引导学生学习的文本，是为记录学生学习过程及表现的一种认知地图，是可以重复使用的学习档案。

崔允漷教授还提出了"学历案"的要素与结构：一是学习主题课时；二是学习目标；三是评价任务；四是学习过程——学法建议、学前预习、课中学习；五是作业与练习；六是学后反思。

（三）教案、学案和学历案的辩证观

我国基础教育、教学改革已进行多年，新课程目标和课堂教学目标的设置，从指导思想到目标构成以及育人功效等已经十分明确。在此背景下，从青年教师见习期开始，教研员和老教师都会在自己的认知范围内告诉青年教师，为实现全新的教学目标，应如何设计与撰写教案。

青年教师把教案设计作为自己专业成长与发展的主要抓手时，应当首先着力于对传统的为怎么教而备课的变革，努力在教案构思中注入"学情分析"和"导学"的项目，让"教学步骤"充分体现学生自主学习、探究学习的过程，这就是用新教改理念革新传统教案的专业成长之路。

当我们认识了"学案"的设计指导思想后,可将它的思维引入对教案的改造和变革之中,在教学过程中更多地关注学生的"学会"与"会学"设计,通过自己的不断实践终将收获成功。

教育学理论告诉我们:教学是互动的,是相互依附的,它不应该排斥对"学"的研究,但教学的核心问题是教,是关于教的方法和效果的研究,而"学"应该是学习理论研究的中心问题。教学不完全是教学生学习,也有互教互学、教学相长的意思。①

当我们用这样的教学认识观去认识"教学是什么",去设计与撰写教案,就不易走向教的片面性或学的片面性。

✎ 启迪点

1. 设计在建筑、工业和军事等领域里有广泛应用,而设计引入教学领域后给教学研究者和执教者,都带来全新的理念和丰富思维空间。教师在构建新课堂的教研中,要学习的首先是从重教轻学的桎梏中解脱出来,系统而深入地了解学生,洞察与分析学习环境,然后才是构建基于学情与环境的学习方略。

2. 老教师的经验告诉我们:走出传统教案模板应逐步引进教学设计的指导思想,要首先尝试着更新教案表达的项目与结构,然后在课堂去实施,随后才能逐步过渡到体现教学设计特点的真正意义上的教学设计。也就是说要充分呈现与实施教学设计,要在专题研究和群策群力式的团队教研活动中才能实现。

⊕ 反思点

1. 当倾心学习并实践着新颖与深刻的教学设计时,还需要对教学旧思维和传统教案文本作出反思和修正,才能接纳具有现代教育理论和心理的教学设计。

2. 教案中如果只单方面呈现教的程序与方法,缺乏导学与学生的活动,这样的教案是不完备的;另一方面,如果摒弃教案,而用学案完全取代教案也是不妥的。

第七节　教案的延伸——教后记与教学反思

◉ 学习点

1. 了解教后记的特点、作用和意义。

---

① 袁振国主编:《当代教育学》,教育科学出版社,2004 年 6 月第 3 版,第 163 页。

2. 知道教后记的不同内容构成和文字表达的结构。

3. 了解关于教学反思概念的几种解说，明白教学反思特点和教学反思内容之间的关系，并能从教学反思的意义中逐步学会构思与撰写教学反思。

一位新上岗的青年教师，以为设计一些以学生活动为主的教学内容，便能活跃课堂，结果由于自己无序操作，课堂出现混乱局面：学生思考问题"海阔天空"，回答的问题与教师预设相差甚远。学习老教师教案和观课后才发现，自己的教学目标不明确、过程设计缺乏综合思考。经过几次总结反思后，终于使课堂进入教与学呼应比较和谐的状态。

师资培训专家经常提示青年教师：学习备课，在撰写教案和课堂教学实践活动中，要经常不断地对自己的教学构思与行为，作反思和总结，这是促进自我成长的非常必要环节。

著名的教育家杜威认为，在人的各种思维形式中，最好的是反省思维。其实，反思的本身就是一种学习，是一种促进自我成长和发展的手段。

"教后记"、"教后感"和"教学反思"是教师课后反思的不同形式。

教后记、教后感和教学反思往往在教师教学活动中，被作为教案之后的延伸性的"副产品"，它是教师在回眸教学经历后，通过回忆、总结，将经验、教训、感想、体会记录在案的过程。

其实教案的价值不仅仅在于它是教学的准备，教案作为教师教学思想的轨迹和教学设计的记录，是教师认识自己、认识自己教学实践的重要资料，而"教后记"是对教学过程中的成败、变更或感悟而写成的书面材料。也就是说，教案是教师教学的原始资料，而"教后记"是教学后的"总结性资料"，将两类资料组合进行研究，对教师自我提高有很大的好处。

一、教后记的特点及作用

教后记是指教师上完一节课（或某一单元）后，及时把成功的经验或失败的教训写成书面材料，作为日后教学的参考，以便不断促进自己教学能力不断提高。教师在参加教研活动，上完一堂公开课，收获了教研员和同伴的全面而中肯的评价后，一定会有许多感悟、体会，此时便是撰写教记的最佳时期。

有的教师在上完课后,将授课中的成功之处、精彩之处写成教后感已成为一种习惯。教后感是有感而发,是反思性、总结性的经验总结。而教后记一般则是要点式的记录与反思。

1. 教后记的基本特点

教后记的基本特点:一是及时。写教学后记贵在及时,刚上完课教师的教学行为和教学情景历历在目,此时教师如果把教学的实践行为与教案作对照、与原有教学构想作比较,往往有不少感触之处,这时立即提笔做些必要的记录是大有裨益的。如果是一堂公开课后,一定会收获许多参加评课教师的意见和建议,那么即时整理他人的评价意见,结合自己课堂教学,审视原先的教案后所撰写的教后记一定会很丰富多彩。

如果过了一段时间再写教后记就难以落笔了,因为真情实意已淡化、教学中的灵感也难以再显现,写教后记的真正目的就难以达到。

二是精练。教后记一般以要点式记录为主,适当穿插一些评述与议论,不宜庞杂冗长。一般情况下教师不可能花大量时间写教后记,也不必要写长篇大论式文章。教后记贵在点滴积累,集腋成裘。

三是升华。教后记尽管是教学行为的点滴记录,它不仅是陈述性记录,更有逻辑性思维、因果的分析、教学方法的总结或修正。可见,要提高写教后感、教后记的质量,还要提高自己的理论素养,提高自己观察问题、分析问题的能力。

以下是著名的语文特级教师于漪关于《春》的教后记:

> 第二次教《春》时,吸取了前次教得细碎的教训,重点放在朗读训练上,内容只作了粗线条的分析。学生读得比较流畅,但在写作上反映的效果反不及前次。第一次抓住细笔细绘的特点引导学生仔细品味,学生在习作上明显地进了一步,写景不是大而化之,笼笼统统,而是平时注意细致地观察,下笔具体得多,生动得多。要注意:纠正教学中缺点时,不能把长处也甩掉。(教案略)
>
> 又记:
>
> 第三次教《春》时,又作了较大的更动。一是加强了单元教学,把《春》、《海滨仲夏夜》、《香山红叶》和《济南的冬天》结合起来考虑,除抓住特点,比较异同外,课文引入也重新作了设计。设计是这样的:法国雕刻家罗丹曾这样说,美是到处都有的,对于我们的眼睛不是缺少美,而是缺少发现。我们生活在大自然之中,大自然的美可以说是无处不在。它不同于巧夺天工的工艺

美，也不同于绕梁三日的音乐美。然而，它似乎是各种美的综合。尤其是我们祖国壮丽的山河，真是美得令人陶醉，在春、夏、秋、冬四个季节，不同的地方，现出不同的美姿。现在我们要学习的就是一组描写四季景物特征的情文并茂的散文，通过反复诵读，咀嚼推敲，来领会它们精彩的写法和表现的情境美。二是加强思维与语言的训练。先给学生做样子，就春草的描绘进行分析，明确写了些什么，是从哪些角度描绘的，哪个词或哪些词用得特别精当，描绘时主要运用哪些方法。然后帮助同学自读课文，有条理地进行分析。学生把理解、口述、朗读结合起来，学习的效果比较好。(教案略)①

于漪老师的两段"教后记"写得具体而贴切，写"收获"很实在，写体会和感悟有说理有感悟。于漪老师有着"一辈子做教师，一辈子学做教师"的精神，她坚持在教案后面写"教后记"、"又记"，应成为教师学会反思、善于反思的榜样。

2. 教后记的作用

(1) 总结与提高作用。教师从备课到上课呈单向结构，上课之后反馈，一是现场学生的学习状态和课后的学业的反馈，二是评课教师的反馈，如果再加上任课教师对自己教学实践的反思，整个教学过程就构成一个良性循环。著名特级教师魏书生有"白日执教夜间思"的习惯，他每天晚上 10 点到 11 点这段时间是留给自己思索的。他的教改成功经验，也正是这些思索的结晶。

教后记既是教学实践后的积累，又是实践后的再认识，它具有承前启后、继往开来的作用。

(2) 提炼与升华作用。教师的课堂教学活动，不应当将其看成一种简单的周而复始的脑力劳动，而应将其看成认识与实践之间循环与提升的过程。这种"过程"需要"催化剂"，这就是教师行动研究，而教后记和教后感的撰写则是这个行动研究的"初级产品"。尽管教后记的内容似乎较肤浅，但它是真实的第一手资料。如果将这些资料累积起来，将一点体会、一丝感悟、一则教训汇集起来就有规律可循，就会产生有价值的科研资料。

(3) 促进思维，提高写作能力。写教后记的基本要求是及时与简练，这就要求教师要优选教学实践行为，分析与整理教学过程中的素材。如为什么要对教学计划作变动，施教时的灵感是什么，遇到学生特殊的反馈言行如何处理等都需要自己作深层次

---

① 上海教育学院中文系编：《于漪教案选(1)》，上海教育出版社，1984 年版，第47—48 页。

的思考和分析。这些思考最后都要落笔成文,长期如此写作能力自然会逐步提高。

二、教后记的内容和形式

教后记的内容包括教师的"教"、学生的"学"以及师生之间的交往活动等。

1. 记教学成功的过程

用教学日记或教学案例的形式记载教学过程中的精彩的环节或成功的教学方法。写作时,要回忆当时真实的情景、行为过程,也可以夹叙夹议或在结尾作自我点评。

2. 记教学失误之处

教学上的失误有时是由教学计划不周到引起的,有时是因为预见不到而产生的。教师不是圣人,教学不能保证不出一点差错,问题是要正视它,尽最大的努力避免失误。写教后记的一个重要内容就是记录教学不妥之处,以便总结教训走向新的成功。

记教学失误之处,可以写宏观的教学程序结构的安排、教学策略的谋划等方面存在的问题,也可以记录微观的如教学板书、教学中的语词表达问题以及写错字、读错音等等。对失误之处要作适当分析,以便今后改正。

3. 记教学精彩的片段

板书设计得意之笔、教学方法成功之处、设问答疑奥妙之处、组织学生讨论热烈的场面都可以成为教后记的内容。记教学的片段要尽量用"白描"的手法写真,记过程的阶段、记人物的对话、记情境与氛围,这是进一步开展今后的教学行动研究的第一手资料。

例如,一位小学语文教师在一次作文教学后记中写道:写作就是把生活中的故事经过自己的感悟、体会以后写下来。学生的写作素材无处不在,班上一个学生出水痘后,班级其他孩子被"隔离",不让他们下课外出活动,气氛有点紧张。我布置带有若干问题的家庭对话作业,同学们竟然打开了"话匣",从不同角度写认识、写态度、写告慰语,甚至有的学生用诗画配的形式来表达。可见,低年级作文尤其要走进孩子的心灵世界,才能让学生在不经意中快快乐乐写作文。

4. 记学生学习中普遍存在的问题和学生的建议

教学中会经常出现学生普遍存在的问题,对这些问题做些记载和分析,有利于今后教学中抓住这些共性问题进行教学。

教学要体现学生的主体地位,发扬教学民主。对学生合理化建议教师要认真对待，并作适当记录。

三、关于教学反思

教学反思是教师以自己的课堂教学实践为思考对象，对自己所作出的教学行为、决策以及由此产生的结果进行审视和分析的过程。教学反思也可理解为教师对教育教学实践的再认识、再思考，并以此总结经验教训，进一步提高教育教学水平。教学反思向来是教师提高个人专业技能的一种有效手段。

我国许多学者近年来把"反思性教学"、"教学反思"等概念交互使用，熊川武教授等多人通过自己的专著和专论对这两个相交互的概念做出不同视角的解释。现归纳不同学者的认识，似可理出以下几个观点：(1)反思的对象：教师自己，将自己的教育教学活动作为认知和研究对象；(2)反思内容：对教师自我的教育教学思想观念、行为、决策，进行质疑、评判和分析，从中吸取教训，调整今后教学行为，提升自己教学水平；(3)反思目的：通过有意识分析与再认识，实现自身专业发展。

（一）教学反思的基本特点

1. 课堂教学是教学反思的出发点和归宿

教学反思是反思教师自己的课堂，可以是一堂课也可以是几堂课。从课堂的整体结构到教学过程设计，将教与学衔接和配合以及学生学习的效果等方面作为审视、判断、分析的出发点，经过反思总结经验教训，纠正失误，回归并重构新课堂。

2. 总结经验和解决问题是教学反思的着眼点

教学反思不是简单的回顾，而是站在更高的视野的审视，是在获得他人的评课后，发现亮点，纠正不合理的教学行为以及思维方式，进行今后课堂的重构。

3. 追求教学的最优化是教学反思的原动力

教师带着强烈的事业心和责任感，带着重塑自我和重构课堂的心态，才能主动而不是被动，长期而不是短暂地进行教学反思。有了教学反思的自觉，才能不断实现教学构思和行为的自省和自悟，从而逐步走向基于自我的教学最优化。

4. 学会教学、学会学习是教学反思的最终目标

从终身学习的观念和教师自我超越的思维来看教学反思，那么教学反思便是教师基于课堂的再学习、再创造的过程。教师学会教学是终身所求，需要不断接受各种专业培训，但基于课堂的学会教学也许是各种"学会"的最终环节。

从教师从事教育工作的性质和工作任务上看，教师反思有如下4个方面的特点：一是自省性；二是主动性；三是自我调控性；四是自我批判性。这些特点也可以理解为

教师完善与成就自我应具备的品质。

（二）教学反思的内容

如果说教后记只是教案后面简要的、随笔式的自查自悟的短文的话,那么定位为教学反思的文字内容,理所当然比教后记更为丰富。因为教学反思既有高位审视,过程回顾与自查,更有重构课堂的自悟。教学反思内容比较丰富,大致上有以下五个方面内容:

1. 反思教学理念

教学理念是教师对教学活动的总体认识、态度和观念,它有理论层面、操作层面和学科层面之分。如以人为本,重视学生主体性;开放性与个性化理念;和谐教育和系统性育人理念等。比如反思以学生为本理念时,应反思学生在课堂上学习的主动性、独立性、自主性、体验性是否得到充分体现;还可以反思教师角色转换是否到位,是否做到尊重与赏识学生并进行平等对话等。

教师的这种课后的反思教学理念,一般不会在每次课后发生并深入进行基于教学理念的反思,因为对理念的反思需要教学理论的再学习,需要接纳新观念和对自己习惯性思维改造。

2. 反思教学目标

教学目标是一堂课的导引和结果的衡量标准,在自我评价和众人参评中,教学目标都是重要的"标尺"。教学目标的反思包括:目标的三个维度是否兼顾,目标表达是否完整;围绕目标实现的方法与过程有效性如何;目标中的"过程与方法"是否体现学科性与学生主体性;情感、态度、价值观是否有机融入教学内容与过程。

3. 反思教学过程

首先要检验程序、环节、结构的设计与教学方法密切相关性如何;是否体现现代教学强调的激活思维与情感升华并举;"智慧火花"和"创新火花"是否燃发、闪现;教师驾驭教材的同时是否能智慧应对学生的独特见解;如何处理自己的预设与学生的生成关系,这些也是反思教学过程的重要方面。

4. 反思教学得与失

教学的得与失,要依靠教师本人的慧眼,用新教改理念去发现、收获和整理精彩的预设和学生的生成;对教学中的瑕疵之处,认真进行回顾、剖析,找出产生与形成的原因,探索解决策略或方法。

5. 教学重构

通过系统反思或有选择性的反思,发现新的教学规律或路径,梳理教法后有新的启发,通过总结形成新的教学构想,初步形成新教学设计或进行新的教学片段的更新等。

某区教学反思的指标、指向表①

反思项目	反思指标内容	反思价值体现
教学目标反思	学科核心任务(本意性特征); 教学目标与主要取向; 课程适应学习主体; 促进学习主体的主动发展。	对学科教学目标的深入理解,为今后教学目标的制定积累经验。
教学内容反思	对内容整体的价值认识与把握; 内容的选择、调整建构与主要指向; 超越教材的教学资源把握; 内容组织处理与落实。	考查对教学内容的整体理解,总结有效开发利用教学资源的经验。
教学过程与方法反思	学科主要学习方法的把握与运用; 学习过程要素及组织(主体的实践性与状态、认知的逻辑性与效能); 评价的运用与对学习的促进; 教学手段的运用(现代媒体技术)。	对教学流程的设计、教学手段的运用等反思,有利于今后教学设计的提升。
教学效果反思	学习认知任务的有效、高效完成; 学习心理与经验水平的提高; 全员学习效益。	对预设与生成之间关系的新认识。
教师素养反思	学习指导(教学环节与过程的调控、目标落实等); 教学基本功(教态、语言、板书、工具操作)。	便于扬长避短,发挥教师的优势。

(三)教学反思的基本程序

教学反思应成为教师生涯中经常性自查自悟的行为,因为教学情境和教学对象会不断出现新的情况和问题,还因为教师所承担的教科研究任务和自我教学新目标的追求等,都有必要进行教学反思。反思可以是在一堂课后或几堂课后的自我反思,也可在参加集体观课、评课之后,但要提高教学反思的水平和针对性,应当具备如下基本的、具有逻辑系统的程序:

1. 理论学习和新理念的确立

---

① 赵才欣,韩艳梅编著:《如何备课》,华东师范大学出版社,2009 年 4 月版,第 99 页。

有这样一所学校,校长每学期都要求教师写出 8—10 篇教学反思,每学期都至少举行一次交流活动,就这样开展了两年 4 个学期。在一次对该校进行的教育督导时,两位督学阅读了教师们的教学反思后发现:这些教学反思似乎更像是教后记或教后随笔,文章中的自我总结与问题的发现,大多是一种教学的具体细节或一些技术性的领悟和修正,缺乏高位审视和深刻自悟、自省。督学在对教师访问和交流中,还发现不少人对什么是教学反思,怎么进行教学反思不甚了解,甚至有人对校长布置这样的任务有反感情绪。

以上案例说明:仅凭教师个体的经验,没有教育教学理论支持的教学反思,只能是低水平上的反思,只有在适当的教育理论支持下的反思,才能真正促进教师的专业发展。

学习理论,说近一点应是教学论、教学过程论,或是基于本学科的课改理念和课程标准;说远一点则是教育学、心理学等。

杜威有一句名言:"我们可把马牵到河边,却不能按着马头让它饮水。"反思不是胡思乱想,而是有理论支撑的,要高度自觉地对自己的教学实践作回顾和审思,而这个过程本身就是一种再学习的过程。

当然教师还应在反思之前便开始学习理论,反思过程中也要对照分析,甚至进入教师专业发展规划的执行之中去学习与对照理论。

2. 结合教学情境进行反思

有了新接纳的理论和教学新观念,要把教学活动及教学情境作为认知对象,梳理教学过程,进行批判式分析和再认知;要对"亮点"、"灵感点"和"暇疵点"作分析,形成重构课堂的新起点。其实反思也是在一个个教学活动的循环中行进,并随着自我的再认识、再实践而走向成熟的。

以下是一段很精彩的教学反思:

马克·吐温的小说《竞选州长》里有这么一句话:"至于香蕉园,我简直就不知道它和一只袋鼠有什么区别!"我在讲解此课时,有个学生问这句话是什么意思,香蕉和袋鼠有什么关系。因为我在备课时没有注意到这个问题,更不知道其中还有什么典故,一时语塞,只好含糊回答:"意思是他不知道那件事。"下课后,我马上查找资料,终于在一本杂志中发现了这句的出处:据记载，1700 年一位英国航海家库克在探测澳大利亚东海时，见到一种跳跃前进的奇怪动物，便问当地人这是什么，当地人回答说是"堪加鲁"，航海家就以为这种动物叫"堪加鲁"。其实当地人所说"堪加鲁"是"不知道"的意思。我恍然大悟，马克·吐温在文章中将香蕉园和袋鼠相提并论，就像航海家不知道袋鼠而把它叫做"不知道"一样。这里强调的是不知道，也就是说，主人翁马克·吐温在强调不存在伪证罪和霸占香蕉园那回事，这里的袋鼠实际上借以表达"不知道"。我如释重负，马上将答案转告给那位学生。以后上课时，发现那位学生发言和提问的劲头更足了。[①]

这段教学反思生动反映了教师备课不充分，面对学生提出的问题应对的能力不足等问题，也记录了教师即时查资料后的补救措施。以下文字也体现了这位教师的感悟："碰到这种情况，应该首先沉着冷静，可调动其他同学的积极性来参与讨论，为自己争取一些考虑的时间。"

3. 自我澄清，自我感悟

反思教学情境，就是在认知情境中对自我的教学设计、教学方法和过程做一次"澄清"，找出"症结"，查明原因。这个环节还需要在听取专家和同伴的意见中进行，才会使这一中心环节产生更深刻的自省、自悟效应。

4. 改进和重构

"反思"的基本含义是反过来思考，思考过去事情，从中总结经验教训。"教学反思"既包括回顾与总结，更有发现问题、改正失误和再发展的含义。从教育科研和教师专业发展的高度去认识"教学反思"，那么还包含着尝试提出的新的方法、方案，在更新理性认识和接纳新观念之后的创新行动。

（四）教学反思的意义

从某种意义上说，教师的教学活动始于教案，终于评课和教学反思。波斯纳曾于1989 年提出了一个教师成长的公式：经验＋反思＝成长。可见反思的重要性，丰富的教学经验如果不经历反思的梳理、批判、提升，那么经验只能是肤浅而破碎的。

1. 教学反思有利于教案的改进

教案是授课前必备的文案，它是教师授课的依据，所以教案编写很重要。但课后反思实际上是对备课构思的反审，以此为契机进行二次备课，将更有利于教师专业成

---

① 傅建明著：《教师专业发展——途径与方法》，华东师范大学出版社，2007 年 5 月第一版，第 129 页。

长和提高。从某个角度上说,反思中的发现亮点、收集灵感、吸取教训、体验感悟等思索也是一种备课。备课—上课—反思将构成一种良性的教学循环,将会大大提高教师的备课能力和研究教学的能力。

2. 教学反思为教师走向科研铺设了桥梁

教学反思是教案实践验证之后的"产物",又是教师执行下一轮教学的开始,教学反思在其中起了一种思维的延伸与衔接、观念的更新与行动重启的作用。

曾有一位青年教师在备课、上课的实践历程中积累了自己的经验后,还想到应在教育科研上有所建树,于是开始撰写有理性高度的教学论文,但是他的论文总显得超然和脱离教学实际。一位很有成就的教研员给他忠告:请从优化教案、多写教学反思和精彩的教学案例起步。后来这位青年教师因为有大量的实践研究的素材支撑,终于写出了高质量的论文。

3. 教学反思有助于教师专业发展

彭华茂等三人曾在《西北师范大学学报(社会科学版)》2002 年第 9 期的《小学骨干教师反思意识的调查与分析》一文中指出:"100％的小学骨干教师认为反思是非常重要也是非常必要的。他们认为反思能够促进教学质量,提高教师素质。"

研究教师专业成长的学者也认为:

反思,能促进教师经常性基于实践的、问题性研究能力的提高。

事实上,中小学教师比来自高校和科研机构的研究者更了解实际教学的复杂性,而表现出更多的创造性。

理解与改进自己的教学必须从反思入手,而将完全脱离自己经验采集来的"智慧"和模仿他人的研究成果,用于自己的实践,往往是低效的。

只有反思才能做到把一般的教育教学"理论知识"与教师个人的"实践性知识"加以整合,从而促进自己的专业发展。

当然,以反思促进教师专业成长,首先需要教师自觉而持续地进行教学反思,其次是融入团队及学校教学反思的情境氛围,再次是主动获得专家与团队成员的帮助。

🖉 启迪点

1. 如果说教后记是教师在教学后的随记、随感的话,那么教学反思应理解为内省,是一种元认知过程(以自我及自我的思维活动为意识对象,通过内省、反省去获得知识),也是一种特殊的,基于自我的问题解决。

2. 本章学习启示我们:从教后记到教学反思是教师专业成长的阶梯,踏上这个阶梯需要自省和主动的内驱力，需自控与批判精神的助推力；有效反思有利于教案更新观念，进而重新布局有效课堂教学。

🎱 反思点

1. 当教师进行教学反思时，还有必要对反思的目的和过程做出反思。倘若仅仅是任务型的被动反思，那么教师的教学状态只能处在低水准的循环之中；如果能结合再学习、再思考、再创造，就能真正实现"成长＝经验＋反思"的目的。

2. 需要明白的是教师专业成长过程是内在与外在多因素促成的过程。反思的主要功能是改善与更新备课，为重构课堂作前期铺垫。而教师的专业成长，还有赖于团队研修、课题研究等多种形式和渠道的推进。

策略编

第五章　备课过程的策略化思维

第一节　在"三个转化"中构思备课

🔵 **学习点**

1. 了解教师备课思维中"三个转化"的知识和技能要点；理解"三个转化"的内在逻辑结构。

2. 充分认识并解读"三个转化"在备课过程中的重要意义，以便为备课的具体行动作铺垫。

备课是教学之前的第一个环节，这个环节其实是一个相当复杂的从构思到思维活动，再到各种行为表达的过程。一位资深的名师认为：教师要进入教学最佳设计状态就必须具备四种思维，一是体验专家的思维；二是呈现学生的思维；三是激活自身的思维；四是整合课程资源的思维。他认为备课是一种高度系统化的思维活动，值得青年教师学习与深思。从教师备课的角色和思维的转化以及教师备课的隐性流程上看，备课过程中，教师至少要实现如下三个转化：

一、熟悉教材，把教材中的知识和思维转化为教师的知识和思维

有的青年教师以为"接纳教材知识和思维"就是多读教材、熟悉教材，甚至可以做到全盘复现教材内容。其实这是一种简单化、机械地去认识和吸纳教材的想法。

教材是教学的依据。无论是传统教学观中的教"教材"，还是现代教学观倡导的用"教材"教，教材都是教师教学的蓝本与依据。那么，教材是什么，教科书又是如何编撰的？教师应当有所了解。

教科书是根据学科课程标准或教学大纲来编写的，学科课程标准又是课程性质、课程目标、内容目标、实施建议的教学指导性文件。也就是说教科书是"课程标准"的教材化表达。

教科书的学科知识是前人的智慧结晶，但这种成系统的"全套知识"，不能不加甄选和加工就照搬给学生。比如初中与高中物理教科书，不可以只是大学普通物理学的简单"裁剪"，必须经过教育学、心理学、教学论的介入，用课程标准的要求来编辑，以及

依据学科特点进行"再加工"。从"课标"到"课程",再到各册教材的编写,对教师来说,他们并没有直接参与编写教科书,但是为了完成课程标准的目标指向,完成教科所赋予的教学任务,必须了解、熟悉教科书的"由来",以便把握知识体系、了解编者价值取向与意图,最后将其"接纳"为教师的知识与思维。

把教材知识与思维转化为教师的知识与思维,要"经历"如下三个过程:

(一)上位思考,充分"体验专家的思维活动"

现代教科书编写集中呈现出如下三大特点:

1. 专家对当代教材的内容选择,已经从只关注知识体系到充分关注与其相关的智力价值、发展价值,重视在教材内容中体现态度、动机、情感的价值。

2. 教科书编写形式上,在注意到科学逻辑顺序、学生学习心理、教师教学方法的有效性方面因素外,把"书面"的信息拓展到由现代教育技术新形成的"另一类教科书",如录音、录像、软件一类。

3. 教科书编写中还出现了向"学程"方向转变的趋势,注重教材与学生主体的内在联系,以编写更多便于学生阅读的好书。

(二)充分认识专家意图与教材特点,实现"知识的接纳"与"思维的认可"

所谓"专家的意图",其实就是本学科课程标准的课程化解读,所以教师在对"知识与思维"作转化时,要立足于两个层面的"接纳":

第一是在课改决策者层面,以新课程理念作统领去解读教材,认识教材的知识和思维。

第二是在揣测编者的编辑意图层面中,阅读、理解教材体系,吸纳教材所传递的育人意图。

(三)把教材知识与思维和自己的学科专业知识建立联系,经消化、吸收后成为可传播、可以教授的知识和思维

这种"转化"是非常关键的一步。曾有一位毕业于某重点高校的数学系本科生,她总是简单地去复述课本的语句和再现课本中的例题,造成课堂教学呆板、毫无生气,学生厌学情绪十分严重。可见没有自我的"消化"和贴近学生思维的教材处理,将造成不良的教学效果。

具有大学本科或研究生学历的青年教师,要用"下位"和"移位"的眼光去认识与解读教科书,"下位"即用教育对象的认知、态度、情感去阅读教材,用"移位"于编者的心理去认识教科书。然后在此基础上建立与大学相关专业知识的联系,让大学所学的专业知识与技能"下位嫁接"到任教的学科。

以下是我和我指导的张姓语文骨干教师,在师资培训的网络课程里的现场对话：

> 问题：为什么教师需要将教材知识与思维转化为教师的知识与思维？
>
> 张：1. 因为教材是蓝本,是教学的依据,教师是教"教材"的人。
>
> 　　2. 还因为语文教学要把教材中多种信息(课文、注解、问题、插图等),按照顺序去接纳,并了解其结构,才能建立教师可教的知识体系。
>
> 方：这里的"转化"你是怎么理解的？
>
> 张：首先教师不能机械地接纳教材信息,再按其顺序去教学生,课改的经验提示我们要变传统教"教材"为用"教材"教,为我所用。"转化"应该指对教材中知识与思维进行整理、重组、改造,然后建立教师自己的语言、文字和图像表达系统。
>
> 我想举一个例子加以说明：语文老师都知道《小石潭记》(沪教版七年级上)。初读课文时,一般教师就自行读一遍课文。其实这个环节可以对教材进行重组,可以放音频视频,或者请好同学范读,摆脱教师自行读的陈旧模式。
>
> 这篇课文没有插图,于是我让美术老师画了一幅素描。从孩子们欣喜的眼神中可以感受到他们有着身临其境之感。

以上对话,比较具体而生动地说明："转化"的必要性和"转化"的相关技巧。

二、钻研课程标准,把教学目标转化为教学活动的指导思想

钻研课程标准,剖析教学目标,把握重点和难点之后,把目的要求、教学目标转化为教师的教学活动的指导思想。

这里的转化是具体的、是针对本学科甚至本章节的课程目标的钻研和解读。明确本章目标是什么,重点难点又是什么后,将其转化为教师本人的课堂教学和活动的指导思想。

（一）教学目标的整体与分类的把握

在学科课程目标之下有两个层面教学目标,上层是单元目标,下层是课时目标。不少青年教师只重视下层课时目标,而忽略了单元课程目标,这样势必造成目标的浮浅和破碎化,削弱了教学目标实现的有效性。

三维教学目标实际上又可归为两大类：一是结果目标，它用于"知识与技能"目标领域的刻画；二是体验性目标，则主要用于反映"过程与方法、情感、态度、价值观"目标领域的要求。

许多目标中的行为动词既是过程又是结果，在此"把目标转化为教师的指导思想"，就是构建目标意识下的教与学的方法和行动，就是把结果性目标中的诸如"说出"、"解释"、"制定"、"例证"，体验性目标中的诸如经历（感受）、认可、领悟等都转化为教学过程的行动指南。

（二）建立教学目标的"灵魂"意识，让"目标"成为教学活动的出发点和归宿

浙江省宁波市特级教师林良富在他的《新课程背景下教学设计的五种策略》一文中，对"教学目标"的认识与对应策略作如下论述："教师在确定一堂课的教学目标时，既不能单纯考虑认知性目标，也不能将发展性目标制定得面面俱到，失之笼统；既不能将三个维度目标简单叠加，也不能将整体目标机械分割；而要在对教学内容和学生状态分析、对可能的期望发展分析的基础上有机地统整三维目标。"可见，将"目标"作为"出发点"，始于全面和辩证地认识和解读目标，然后才是建立目标导向的过程设计与教法的应对；将"目标"作为"归宿"，要基于教师自我设计的教学过程性评价（如提问、例题、习题、实验等）。

三、将"目标—内容—学生"三位融合的育人架构转化为教师具体的教学策略与方法

通过研究"目标—内容—学生"实际的内在联系，找到使教学内容适应学生的接受能力，促进学生智力发展，实现教学目标的途径，并转化为教师教学方法和教学策略。

某种意义上说，备课就是用科学与艺术兼备的思维去实现教学目标，去寻找适合教育对象的教学方法和教学策略。教学策略在此主要指制定目标策略、设计教学内容策略以及具体的教学项目推进策略等。

制定目标策略——认识与解读目标在先，用"过程与方法"实现目标在后。以课时目标为例，尤其要注意以下四点：一是目标内容的具体性；二是目标的可操作性；三是目标实现的及时性和过程性；四是目标设计的灵活性。

设计教学内容策略——教师的教学内容不是教材的复述与再现，而是目标化的整理和学生化的梳理，是介入教法与学法的内容"再造"。要把新课程倡导的"自主—合作—探究"的现代教学方法与传统教学方法有机结合，才能实现"目标—内容—学生"融为一体的教学效果。

教学项目推进策略——"项目推进"是教师教学主体行为和辅助行为的阶段性呈现，是教与学的认知主义与建构主义等阶段性推进的过程方法设计。

创新开放互动、促进思维的问题情境是项目推进策略的首选，一方面用设计递进式的问题启发学生思考，另一方面要创设学习与交流情境，促进师生在互动中生成问题。

📝 启迪点

1. 其实，备课并非"读了教材说教材，再拟一些问题去问答"那么简单，成熟的备课也是一种系统工程，它需要前期的"预热"和构思。

2. "三个转化"是教师进入备课状态不可缺失的思维过程，备课构思中面对教材，你要先换位到编者的思考和自我的"消化性"思考，然后用新课改理念进行系统的"转化"，才能正式启动备课程序和策略。

🔄 反思点

教师备课中的简单化备课、过于宏观化备课和沉浸于某种技术性备课都不能适应新课程、新课堂的要求，若存在上述的问题，需要从"三个转化"的学习和掌握中进行反思和调整。

第二节　备课的主体程序和辅助程序

🎯 学习点

1. 知道备课在逻辑程序上要做哪些事，了解各程序的观点、内容、意义。

2. 能用系统思维认识主体程序在备课中的地位与作用。

3. 能用综合思维和辩证思维认识和处理备课的辅助程序，能用"大备课观"促进基于备课的专业成长。

上述的"三个转化"，主要是一种思维活动，当备课进入"做事"的安排时，就得讲究一定的程序。备课的主体程序是指：以备纲（课标或大纲）、备本（课本）、备方法、备学生为直接项目与内容的活动序列。

一、备课的主体程序

据东北师大教科院对部分小学教师的调查，许多教师认为"教师对教材与教参有

很高的依赖性","备课的第一步是先看教科书和教参"。据此,我们从教师备课实际出发设计出如下主体程序图:

（一）阅读教材

教师教学以教材为据,无论是教"教材"还是现在倡导的用"教材"教,阅读教材、熟悉教材都是备课中的首要任务。教科书是课程标准的具体化,是教师上课的依据,也是学生获得系统文化知识的主要源泉。怎么阅读教材? 一位名师说:"教材,教材,教学用的素材。""教材仅仅提供你一个教学思路,你要利用这个素材和思路,达到课堂教学的目标。"

阅读教材要做到了解知识结构体系、要点分布,了解知识陈述、展现、发展的逻辑结构,把握知识重点、难点、关节点、衔接点和可能产生的质疑点的分布。

"阅读教材"是程序备课的第一步,这"第一步"的跨步大小和深浅,将很大程度上制约备课质量。

也许在多数情况下,新上岗的青年教师"阅读教材"只能做到"初读"、"浅读"。

有若干年教学经验的教师会做到"细读"与部分"精读",读后有所悟,有所思。

教有成效的老师,他们教学严谨,会"每教必读",甚至会反复去读,读后反思,并不断学习用教材教和驾驭教材。

（二）熟悉课程标准

课程标准是学科教学的指导性文件,它规定学科的知识范围、深度及其结构、教学进度、教学方法上的具体要求等,是教学计划的具体化。熟悉课程标准的目的是对本学科教学有一个总体把握,明确课程目的、要求、内容的深度、内容的安排和进度。要将研究、分析课程标准与处理教材结合起来进行备课。

青年教师也许会受部分老教师的影响,错误地认为课程标准是纲要性文件,理论性强,只要"吃透教材"、"研读教材"就可以。真的可以不去研读课程标准而备课吗? 其实,在现行的课改中任何教师的备课和教学活动都无法回避课程标准。

课程标准内涵包括:

1. 课程标准中有针对学生经过某一学段学习结果的行为描述。

2. 课程标准是国家制定的某一学段教学共同的、规范化要求。

3. 课程标准对学科的"三维教学目标"做出权威性解读,有促成教师为实现完整的"三维教学目标"而提出的要求和建议。

可见,课程标准是教学的源头,是教学方向和基本方法,有效备课应先从研读课程标准开始。

（三）确定教学目标

学科教学目标,尤其章与节的教学目标,主要是具体化、操作化的二级与三级目标。课堂教学目标要与具体情境联系起来,对体现较抽象的目标的行为结果给予明确界定,引导教学的开展。

确定目标要从"目标叙写"与"目标分解"两方面来考虑。"目标叙写"要包括表达行为与内容两方面,既要表达养成何种行为,又要阐明这种行为能在其中运用的领域或内容,这样才能明确教育者的职责是什么。所用动词必须在程度上加以区别。课堂教学目标由行为主体、行为动词、行为条件和表现程度四个要素组成。

"目标分解"有两层意思,第一是指"目标"按预期的学生学习之后所发生变化的行为领域分解,即认知领域、情感领域、动作技能领域,近年来有些专家认为还应加上"个性发展领域"。"三大领域"之后还有"学习水平"的描述。

施良方教授在《教学理论：课堂教学的原理、策略与研究》专著中,作了如下表格式介绍：

三种目标领域、学习水平及其定义

领域	学习水平	定　义
认知领域	1. 知识	事实信息的回忆
	2. 领会	理解的最低水平;提供理解的证据和运用信息的能力
	3. 应用	用抽象原理来解决问题
	4. 分析	区分和领会各种相互关系
	5. 创造	结合各个组成部分以形成一个新的整体
情感领域	1. 接受	自在地面对刺激
	2. 反应	自愿地对刺激作出回应
	3. 价值判断	对刺激形成一种态度
	4. 信奉	一贯地按照内发的、稳定的价值体系行事
动作技能领域	1. 模仿	按照指示和在指导下从事简单的技能
	2. 操作	能独立地完成一项技能
	3. 熟练	能准确地自动化地完成一项技能

第二是将"目标"化解到教学过程中,用有序的内容与有效的方法分阶段达标。这种目标的化解,一般不要在教案中陈述,但可以在"说课"时予以适当说明。

（四）了解学情

了解学情是指了解学生的共性与个性。了解共性就可以找到教学的基本出发点,制定出统一的教学要求。但是把握共性之后,还要注意学生的差距。了解学生知识上的差距,要了解三点:一是大部分学生对课本的哪些内容已有一定的基础;二是课文中哪些知识内容对大部分学生可能成为难点;三是少数学生可能还"吃不饱",另一些差生可能仍然难以掌握。这些都要在备课中予以考虑,可以在学生这些信息作业中得到反馈,更要深入到学生中去听取意见。

（五）选择教学行为

教学行为是教师课堂教学策略之本,它是以目标为导向,以教学材料与学生为依据而实施的。教师课堂教学中的行为可分为三类:主要教学行为、辅助教学行为和课堂管理行为。主要教学行为以目标、材料与学生"情景因素"进行设计,通过呈示对话和指导的优化组合,即教学方法、教学艺术的显示,以提高教学效果。辅助教学行为是因学生临场状况和教学其他场景而采取的,这需要以教师的教学经验与个人的素质为依托。课堂管理行为主要为课堂教学的顺利进行创造条件,它需要教师的经验和技能。

此外,与教学行为紧密相关的还有教学组织问题,它主要指班级授课中大群体、小群体与个别的组织型问题,以及座位排列的方式等。

（六）形成教案

如果说上述五个程序属于策划性构思备课,那么形成教案、撰写教案则是教师在课堂上怎么教、怎么做的书面文案。如果把教案看成作家的作品的话,那么"五个程序"便是写作中的系统性思维活动,它对"孕育和创作作品成果水平高度有重要作用"。

当然,从教师备课的实际情况看,不一定每一次备课都要呆板地遵循或机械地经历这些程序,只是从逻辑和思维程序上,从总体的备课架构上分析,这六大程序是必须的。

二、备课的辅助程序

一位青年教师询问导师:"为什么我和其他老师一样,都在阅读教学参考书和课本,但他们写出的教案都比我精彩?"导师回答:"备课写教案是教师的基本功。他们富有教学经验,有的还有自己的文化内涵,所以才能设计出漂亮而精彩的教案。"

一个青年教师如果不注重自身的专业修养,不拓展自己的"学习天地",养成一种现备现教、教什么备什么的陋习,那么备课的功力就不会有质的飞跃,有效教学就难以达成。

备课过程中需要教师储备理论、储备知识,更新观念、转变传统思维定势,制作或熟悉现代教学技术中的软件与硬件。所有这些都可归属于备课相关辅导项目。

江苏省小学语文特级教师于永正在他的《隐性备课重于显性备课》一文中说:"我书架上有《现代汉语通用字笔顺规范》《成语词典》《汉语大辞典》《中国少年儿童百科全书》《中国通史》《中国大百科全书》《世界通史》等工具书,书案上还有电脑。

书到用时方恨少。在备《圆明园的毁灭》时,我专门翻看了《中国通史》中有关鸦片战争的章节;教《海洋——21世纪的希望》,我在网上搜集到了不少有关海洋方面的资料(如潮汐发电站等),受益匪浅。《现代汉语通用字笔顺规范》更是离不开,老师板书时把笔顺搞错是很要不得的。我有读书读报习惯,喜欢读书、报、杂志,这对我来说,也是备课。"

于老师把书架上的书和他的阅读活动,归为隐性备课。有人称之为"大备课"。单从"大备课"观点看,宏观的教育教学理论学习,学科的课程标准的学习,学科特点、学科思想与思维方法的学习,控制论、系统论和信息论等,都可列入辅助备课范畴。这种与备课相关的准备活动项目很多,这些活动项目并不一定要按时间顺序进行,可以穿插进行。

这些项目活动在多数情况下,并不具备明确指向性,或者说不直接作用于某一堂课,并不发生在课前"临战式"准备。它是储备、积累和自我修炼的过程,包括阅读、观察、记录、思考、反思、技术性器材、材料制作与准备等。

辅助性备课活动为教师提高教学水平起着储备作用。从程序系统上分析,我们可以从宏观到微观,从抽象到具体罗列如下:

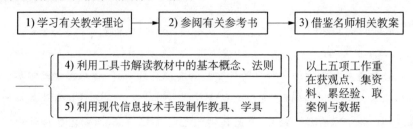

关于"获观点"——例如：当代教学理论(行为主义、认知、情感、建构主义理论等)；当代学习理论(行为、认知、人本、社会学习理论等)；教学目的观、教学过程观、教育与人的发展观、学生观……

关于"集资料"——指收集平面书刊、报纸、网络媒体、教师学习团队的经验成果的文字、图像、音频资料……

关于"累经验"——收集与自己所教学科或相关学科教学论文、经验总结、调查报告、案例、教学反思或教后感……

关于"取案例与数据"——收集值得自己学习、模仿、借鉴的教案、教学过程案例、活动设计方案等；收集所教学科教学、教材相关的研究数据、最新科研成果等。

成语"厚积薄发"是何意？厚积，指大量地、充分地积累；薄发，指少量地、慢慢地放出。多多积累，慢慢放出。还有一句成语叫"信手拈来"，意思是随手拿来，多指写文章时能自由纯熟地应用词语或应用典故，用不着怎么思考。

教师的备课之功，并不都依赖一时的努力和瞬间的灵感，更多的要靠自己好学、善学的精神，不断备课积累与更新观念、信息、事例，才能"厚积薄发"、"信手拈来"地备一堂高质量的课。

著名的中学语文特级教师钱梦龙在他的《我们需要什么样的文本解读》一文中有这样一段文字，值得我们反思：

> 现在教学的辅助资料太多，教师手边有"教参"，网上有现成的教案、学案、课件，一切都"配套成龙"地摆在那儿，只要"拿来"就是，以致现在语文老师已经离不开"教参"和网络。

钱梦龙老师还告诫我们：按照"教参"的思路去教课文，很难教好，更不可能教出自己的特色和风格。

钱梦龙老师的话语提示我们：在拓展备课思路，用"大备课观"去"博采信息"时，千万不要用"拿来主义"思维与手段，充当"二道贩子"，没有独立思考、独立研究和反思的备课，只是"他人之精华"，仍然不是自己的。

启迪点

1. 备课，不是教师授课前的随意行为，成就一篇高质量的教案，需要深思熟虑，精心准备。备课需要统领性、系统思维，需要在一定的逻辑程序中进行。

2. 一位青年教师拜访一位退休政治学科名师，偶然发现他的书柜底层留藏着一本本剪报资料，还有一叠叠已经泛黄的文摘卡。名师告诉他："这些都是我备课用的资料。"青年教师肃然起敬，十分钦佩名师集思博学的精神。此事至少启示我们：备课不仅是完成教学任务，还体现着一种专业态度；备课不仅是上好课所必需的，还是教师自我学习的路径和成长的阶梯。

🔛 反思点

原来，备课并不那么简单，不是一挥而就、一学就会的事。某校在对青年教师做系列培训时，专门组织了"诊断教案，重整课堂"活动。了解了上述备课各种程序后还可以对教案作如下反思：写教案是从简还是从繁？好教案是怎样修炼成的？怎样从教案中发现备课的程序缺失？

第六章　备课的结构化策略

策略是相对于方法而言的,是一种内部的控制过程。袁振国主编的《当代教育学》专著中,对教学策略认定为:"专以表达为达到某种预测效果所采取的多种教学行为的综合方案"。教学策略具有综合性、可操作性和灵活性。

备课策略是教师教学前准备工作中,所要采取的一套规则系统,一种教学方法论体系。备课策略不等同于教学策略,但备课策略的核心或主体是即将付之行动的教学策略。根据教学策略构成因素,可区分出内容型、形式型、方法型和综合型四种主要类型。参考目前国内外教学策略研究的有关内容,备课的结构性思维与行动上的策略似可归纳为如下三大策略:

第一节　"三知"策略——备课的基础性策略

🔘 学习点

1. 知道"三知"指什么,有何丰富的内容构成和内在机理;明白从表面到深层对"三知"的破解,需要用实践验证后再去思悟。

2. 认识并领悟"三知"策略中的观点,明确操作过程,先初步后熟练掌握策略之要领。

对备课的构思和行为进行策略化研究时,我们首先考虑到教师、教材、学生这三个最基本要素,课堂的进行就是基于这三大要素的科学性和艺术化的运作。也正基于这样的思考,我们把它认定为备课的基础性策略。

新教师上岗后要胜任课堂教学,首先要掌握好备课的"三知"策略。

"三知"是指教师在备课时,首先要做到知教材、知学生、知教法。教材、教师、学生是课堂教学三个最基本的要素,教师熟悉教材、剖析教材、处理教材的目的,是让教材内容演化成经教师加工而成的"教学信息",再和学生建立联系。这样,教师、学生和课堂教学信息便构成课堂交流的三大要素,三者之间的关系状态是决定课堂教学质量的主要因素。而三者之间的"关系状态"很大程度上又取决于教师的教学方法和学生的学习方法。

一、知教材

也许,有的青年教师会问,难道我不知教材吗？如果仅仅把阅读教材、明白教材内容认定为"知教材",这对具有本科学历的教师来说是完全可以达到的。这里强调的是从教学策略的高度去"知教材",那么其所蕴含的内容就十分丰富了。

"知教材"是为了更好地用教材教,新教材不仅是知识点,不仅是事实性知识和原理性知识,它还具备学课程理念指导下的能力体系、思考方式。有的教材还蕴藏着方法论和伦理知识。

以下是三位著名的语文特级教师关于读教材的对话,从中可以看出优秀教师对教材的重视程度。

靳家彦：在备一课时,总要先放声诵读,一丝不苟,反复吟咏,口诵心惟,如朱熹所言"使其言皆若出于吾之口","使其意皆若出于吾之心"。

贾志敏：教师要读通课文。拿到课文之后,总是先要读上几遍。读准每个字音,读通每个句子。凡是要求学生做到的,老师必须做得更好。率先垂范,学高为师。

读课文,不但要读通,还要读熟,做到烂熟于心。这样做的好处是走进文本,把握课文的脉络,掌握课文的重点,体会作者的思想感情。有时候,一个巧妙的教学主意,往往就产生于对文本的熟悉。

支玉恒：备课肯定要先读教材,但我实际接触课文时,并不多读,而是只读一遍。读多了,对课文所有内容结构的"枝枝叶叶"都了然于胸,反而不知道该讲什么,怎样讲了。我读这一遍,是非常认真、非常仔细的。读完了就合上书回忆,在回忆中抓取这篇教材给我留下的最深的印象和最突出的特点。因为只读一遍就能在脑子里留下深刻印象的东西,应该就是作者浓墨重彩进行铺叙的,是文章的根本所在。抓住这些,就抓住了主干。

1. 知教材的知识体系和育人价值

知教材,首先要正确认识教材的内容构成,新教材不仅关注知识体系,还关注与其直接关联的智力价值、发展价值,重视态度、动机、情感的价值。也就是说教师在研读教材时,要充分重视理智与情感的新标准。教师既要梳理知识点、事实性知识和原理性知识,又要关注思考方式、方法论,甚至是伦理性知识。

教师构建新课堂时,对教材中的知识教学要有全新的认识,华东师大袁振国教授

在《知识教学的革命》论文中,提出的如下观点应成为我们处理知识教学的基本指导思想:

(1)从动态的思维看知识,知识是认识的结果,更是认识的过程,是探索知识形成的过程;知识是事实、概念的系统描述,更是获得知识的方法。

(2)怎样取得知识、怎样选择知识,无疑比拥有的具体知识更为重要。

(3)以静态的维度看,知识是认识的结果,是经验的系统;从动态的维度看,知识是认识的过程,是求知的方法。

从知识探索的心路历程看,从主客观相统一的维度看,知识则是一种态度,是人对不断变化的万事万物的态度。[①]

2. 知教材的方法论

在上述思维活动的基础上"知教材"后,便进入第二步具体的方法论的思考与操作:一是精读、细读教材。在这过程中,尤其要把握好如下几点:

(1)了解知识结构;(2)掌握知识体系;(3)认清重点和难点;(4)找到教与学的质疑点,以便引导学生进行探究性学习。

在上述构思的基础上,再将教材内容转化为教师在课堂上的呈示行为。它包括语言呈示、文字呈示、声像呈示和动作呈示。这些呈示行为几乎占了课堂教学时间的 $\frac{2}{3}$。

二、知学生

备课中的"知学生"极为重要,不了解教育对象的教学是无效或低效的教学。教师备课中不能"只见教材,不见学生"。现代教学把学生看成重要的课程资源,这种资源的丰富性会让许多教师始料未及,他们能生动介入教学过程之中,让课堂充满生命活力。

"知学生",首先要确立正确的学生观,然后全面了解学情现状,建立教与学协同并进、预设与生成共存的教学态势。

1. 确立正确的学生观

"知学生"首先要确立正确的学生观,"一切为了每一位学生的发展"是新课程的最高宗旨和核心理念。新课程倡导如下三个基本的学生观:其一学生是发展的人;其二学生是独特的人(学生是完整的人、每个学生都有自身的独特性、学生与成人之间存在

[①] 袁振国:《知识教学的革命》,《中小学管理》1999 年第 1 期,第 18 页。

巨大的差异）；其三学生是具有独立意义的人。

　　教师在备课中尤其要确立三个认识观：(1)学生是认识的主体；(2)学生具有能动性与潜在性；(3)学生是不同层次的集合体。这些认识应作为设计教法的出发点。

　　2. 洞察生情与学情

　　了解学生对学习本学科的认识观和情感体验，了解学生知识与能力基础和学习心理特点，是教师设计具体教法、开展教学对话、指导学生学习的基础条件。

　　将"知学生"作为备课策略来研究，还务必做到：

　　(1) 不能仅仅将对学生的一般性了解（如所教班级年龄段的心理特点和班风），作为每一节课备课的基础，要细化到当下所教教材的学生学习基础与能力基础。

　　(2) 要以本学科、本章节的教学目标为视角，深入分析学生认知、能力、思维和情感态度。只有基于学生现状，才能针对性地备好课。

　　北京第二实验小学名师华应龙，在进行《圆的认识》备课构思中撰写的一段文字可以给我许多启发：

　　　　我思考——半径和直径的关系是不是教学难点，要不要研究，是否"顾名思义"就可以理解？得出关系后的填表练习，究竟是练习的两者关系，还是练习的乘以2和除以2的口算？我们是不是总是好为人师，以为我们不讲学生就不会？是的，熟能生巧，但熟还能生厌，那熟是不是还能生笨呢？现在的学生在课堂上是不是很少"不懂"装"懂"，而更多的是不是精明地"懂"装"不懂"？

　　　　我思考——圆的画法是应该教，以促进学生更好地学，但应该一、二、三地教吗？是不是在学生容易疏忽的两个地方"手拿住哪里"、"两脚之间的距离是直径还是半径"点破就可以了？学生或老师画出的不标准的圆，是否就该随手擦掉？那些"不圆"的作品，是不是课堂中的生命体？是否应该珍惜？

　　华老师的"知学生"显然做得精细周到，有这样基于学情的教法研究，所以他的教学被人赞赏。

　　以下是上海实验学校东校祝俊风老师所提供的案例。他和另外两个人在就读华东师范大学研究生阶段所撰写的论文《PBL教学设计与实施的案例研究——以小学自然〈噪声的危害与控制〉为例》中对学习者情况分析如下：

● 一般特征：学习者为华东师大附属小学三年级的学生；共 40 人，其中男 18 人，女 22 人；学生家长大多有较好的教育背景，家庭经济情况较好，能为学生提供较充分的经验和学习资源。

● 初始能力：学习者课外知识比较丰富；知道发声的物体在振动，声音可以通过空气、水、木头等物体传播，体验过生活世界里的各样声音，知道声音有轻响、高低之分等，能体会到有的声音让人很舒服，有的声音却让人烦躁；大多数学生敢于表达，且能较准确地用口头语言表达自己的观点；在教师的安排下，学生一直以 4 人小组的方式学习，有小组学习的初步意识，但组内合作的有效性还不强，还缺乏组内分享经验的机制；大多数学生都有较强的纪律观念，在教师的要求或示意下能够遵守课堂纪律。

● 学习风格：阅读一般的文字材料不存在障碍，但他们更喜欢通过电视画面、实物或图片展示、动手操作的方式学习；他们善于用口头语言、画图、角色扮演的方式表达自己的想法，具备初步的书面表达能力。

● 学习需要：他们对上《自然》课很有兴趣，经常前一个班级的课还没结束，他们就在自然教室外等候；他们很想通过学习来解决头脑中的一些与声音有关的问题；大多数学生活泼好动，总是试图在课堂上有更多的表达机会。[①]

论文对学生的情况做了十分完整而精细化的分析，当然该文是作为学术论文发表的，所以需要如此详尽分析。教师在说课研究尤其学习对象分析中，若能如此全面，那么教学设计将会有很好的效果。

三、知教法

"知教法"是"三知"策略中具体的课堂上的施教策略。"知教法"首先是对教法的认识观，其次是教法的选择和处理。

备课进入怎样教的思考时，就不可避免地触及教法问题，我们应该持怎样的观念去认识教法，将决定备课中教法的选择、认定和实施。

---

① 祝俊风，闻虹，裴新宁：《PBL 教学设计与实施的案例研究——以小学自然〈噪声的危害与控制〉为例》，《江苏教育学院学报：社会科学版》2008 年第 1 期，第 22—23 页。

这里还要提出教学策略和教学方法的联系与区别：教学策略是有理论基础的，为实现某种教学目标而制定的总体方案；而教学方法是一种为完成教学任务而采取的办法，它包括教与学的方法。

"三知策略"中"知教法"既可理解为你可以学习1—2种教与学的理论作指导，采用1—2种教学策略实施教学，也可理解为依据教材和学生以及自己所长所采取的具体教学方法。

目前中小学教学中，常用的教法有讲授法、谈话法、读书指导法、演示法、讨论法、练习法、实验法、参观法等。一次教学可以多种方法穿插进行。各种教学方法，各有优势，贵在使用得法。以下将从具体教法的选择与处理上作出分析：

(1) 教法植根于学法

教法可以基于教材特点而认定，也可基于教师自身素养和施教的本领而选择，但教是为了学，因此务必以适应、适合学生的学习为首选。一种教学策略或一种教法，倘若应用不得法或学生不适应，那么教学效果便会大大减弱。

(2) 源于实践，基于师生互动

好的教学方法，脱离不了教学规律和教学实践，要针对不同情形、不同环境，用不同方法；好的教法，要基于师生互动才能产生教学效应。

(3) 教法选择与应用

在确定了全新的教法认识观后，备课便进入教法的选择与应用阶段。

首先是选择教法，教师要了解现代教学的基本方法，熟悉本学科教改中倡导的优化课堂教学的各种教学设计和教学策略。在此基础上，要以具体教学目标、教学内容和学生实际为依据选择教法，同时也要考虑教师自身特点和优势，选择与自己相适应的教法。

其次是教法的优化组合与应用。一堂课所采用的教法是多种多样的，要充分把握

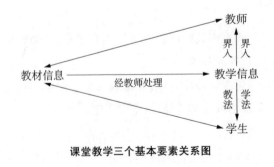

课堂教学三个基本要素关系图

"一法为主,他法辅之",这样才能体现主体效应与综合效应。对青年教师来说,轻易地迁移优秀教师的教法,可能效果并不理想。主要原因是教师的素养层次不同,教学过程中的智慧应对能力不同。

以下是三位特级教师关于教法认识和运用的对话,从中我们可收获有效的观点和做法:

> 靳家彦:选择教与学的方式方法,选择恰当的媒体手段。该让学生钻研、思索的,一定留给他们充实的时间;该合作探究的,一定保证质量,不走形式;该老师讲授的,不要有顾虑,接受性学习与自主合作要各展其长,相辅相成。现代信息技术与传统的恰当运用,都要与教学内容有机整合,不能以"点击"代替对学生的"点拨"。
>
> 贾志敏:文本是教学的材料与载体。对文本中的各个元素的理解可以有所不同,然而,凡属主流的、本质的、重要的东西必须准确,毫不含糊。
>
> 支玉恒:一篇教材往往有许多可教的东西,但我们的教学却要在一定的时限内完成。这就决定了我们备课时必须对教学内容有所取舍。这样看起来,每一篇教材,我们学习的东西是"少"了一些,但我们在以后的教学中可以把曾经舍弃过的东西作为重点来教。这就是辩证法:没有暂时的舍弃,就没有长远的取得;没有局部的少,就没有整体的多。

选择教法要掌握好三个特点、三个关系和三个价值①,见下表:

三个特点	1. 掌握课程的性质和教材内容的特点,根据不同的内容选择不同的方法 2. 根据学生年龄特征和个性特点选择教学方法 3. 掌握不同学习的特点采用不同的教法
三个关系	1. 处理好方法与内容的关系,使方法更好地为内容服务 2. 处理好方法和效果的关系,使方法与效果统一,讲实效,不图形式 3. 处理好教法与学法的关系,使学生由学会变成会学
三点价值	1. 适应性——教法适应教学内容传递的需要和适应学生的智力结构 2. 启发性——启发式反馈教学原则。启发独立思考,鼓励主动寻求知识,掌握方法 3. 生动性——能激发起学生兴趣、情感,达到反馈求知,开发智力的目的

① 刘显国编著:《说课艺术》,中国林业出版社,2000年8月第一版,第33页。

启迪点

1. 对于"三知"，从认识到熟知再到深知，需要时间和实践来促进对其的了解和掌握；攻克"三知"，决非几日之功，而需要与教材、与学生、与自己进行长期"对话"才能有所成就。

2. 基于教学的专业成长中，也许你身边的教师会告诉你不同版本的"三知"，但只有阅读本节后，加上自己的再学习与再实践，才能形成自我的"三知"策略。

反思点

备课，走破碎化、点滴化经验积累之路，也许是许多青年教师不经意间会选择的路径，路有点漫长，有时还有一点反复。可是，当经验走向成熟，领悟到需要策略性处理与构思时，你便会大踏步前进。

第二节 "三寻"策略——备课的方向性策略

学习点

1. 发现"三寻"的新观点和思路，明白教学过程是由若干教与学的许多"节点"和"融会点"架构的。

2. 认识备课中"备过程"的重要性，知道"寻思路、寻方法手段、寻讲练结合点"内容要点，从中学习一些务实备课、策略备课的本领。

如果说"三知"策略主要是为新教师提供课堂教学基本功的话，那么"三寻"策略则是熟练教师所应具备的。"三知"策略仅仅是针对教学三要素而谋划的，而教学"进行时"的策划中，"三寻"似乎更重要，"三寻"是指教师在备课时，要"寻思路"、"寻方法、手段"、"寻讲与练相结合"。"三寻"策略适合具有一定教学经验的教师采用。在熟练掌握"三知"策略的基础上，教师要进一步提升用"教材"教，形成自己的教学脉络，形成教与学互促共进的态势，有必要建立"三寻"策略。

备课时，教师要始终把握如何使教材内容具有可教性且对学生来说又具有可学性，教是为了学生的学，这是现代教学的基本方向问题。

一、寻思路

有一定教学经验的教师对自己的教学总体思路和环节十分清楚。教师在设计教学过程时,总要站在课程标准和完成教学任务的高度来架构教学过程,按教学内容,配以相应的教学方法手段来组织教学。

按传统知识教学程序看,课堂教学过程一般分为组织教学、复习旧知识、导入新课、新课讲授、知识应用、巩固小结、练习(布置作业)。

在新课改中,我们十分重视学生智力、能力的发展,强调重视学生发展的教学,总体上有三个阶段:

设置问题情境——非智力因素(学会参与)。

引导信息加工——智力因素(学会学习)。

设计实践活动——能力与技术(学会迁移)。

在此,"三寻"策略的首项便是"寻思路"。"寻思路",即要求教师对即将进入授课前的备课计划要有整体的统筹、结构化的安排,尤其要把握好整堂课的几个关节点。而这些关节点主要指课堂教学时的切入点、启动点、呈示点、沟通点、延伸点、拓展点等,然后以师生互动共进的各种方法,将课堂教学过程构成一个双线性的教学共同体。

1. 寻切入点、启动点

主要指新课导入的两个关节点。奥苏贝尔认为,要促进新知识的学习,就要增强学习者认知结构和新知识的联系,即通过教学加强新旧知识的联系,把新知识纳入学习者原来具有的知识结构中。可见,上述的"切入点"就是找准学习者原有的认知结构状态,建立对接关系。

建构主义理论告诉我们:学生建构知识不是简单的移植,而必须经历自主建构的过程。因为任何学习和理解,总是在学习者原有的认知结构、自身经验、正规学习前的非正规学习和科学概念、学习前的日常概念的基础上,来理解与建构新知识的。

教师通常所谓的"新课导入"就是这种"知识链"中的衔接处。许多教师备课中创造性地设计了多样化"导入",如提问导入、实践导入、直观导入、悬念导入、质疑导入、讨论导入等等。如果说"切入点"是知识的衔接的话,那么"启动点"便是兴趣的激发和思维的开启。可见"导入"应兼备"衔接"与"激趣"两项功能。

特级教师窦桂梅老师在《放风筝》教案的教学过程第一环节"揭示课题,导入新课"中是这样写的:"同学们,你们见过、放过风筝吗？能说说放风筝的热闹有趣的场面吗？今天我们学习一篇《放风筝》的课文,看看文中的小朋友是怎么做的,作者又是怎样叙述的。"

这简单扼要几句话,切入了课题,激活了学生的已知与兴趣,又让他们带着自己放风筝时的知识、情感倾向,跟随教师学习课文。

2. 呈示点、沟通点

呈示点，指新知识的呈现，是在已有知识基础上的生成与延伸。在备课时要以追求最便于学生理解和应用的呈示方法。为此要注意两点：

一是根据学生年龄特征和不同发展阶段特点，有步骤地提高新旧知识结构化程度。

二是组织最佳的有序累积的过程，并从问题化处理中获得串联和组合。

而"沟通点"主要是教向学的转换中的衔接，教是为了学，教的思路和脉络要在导学中起作用，所有的认知、解读、感悟、体验都要让学生在实践中进行。

以下是昆明市五华区教育科学中心古晓华老师的小学数学《轴对称图》说课稿的局部：

操作实验、形成概念

在第一阶段成功的学习基础上，继续利用计算机演示把一张长方形纸沿中线对折，画上图案，用剪刀剪开，展开后会是一个什么样的图形，通过想象激发学生动手操作的欲望，让学生模仿，自己动手制作一幅雪松图，然后给枫叶、蜻蜓、天平、雪松这样的物体图形取名叫轴对称图形。那什么是轴对称图形？让学生们自己阅读材料，得出结论："沿直线对折，两侧图形完全重合，这样的图形叫做轴对称图形。"那要判断一个图形是不是轴对称图形，关键是什么？这时候继续用计算机演示出不同位置放置的雪松图，让学生通过观察、讨论，自己发现判断一个图形是否是轴对称图形，不是看它位置的变化，而是要看沿一条直线对折后，两侧图形能否完全重合。由于抓住了信息反馈的真实性和发展性，学生独立正确地判断是不是轴对称图形就水到渠成，最后用计算机辅助进行判断练习。

这是古晓华老师用照片和情境画面展现轴对称的自然现象，而引发学生兴趣与思考后，所进行的新课"呈示"与师生之间的沟通，生动而自然。这个过程很适合小学生的认知和心理特点。

3. 延伸点、拓展点

所谓延伸与拓展，意在教师备课时，不局限于完成教学任务的设计，无论是在上课的过程还是课的结尾，都应给学生生成、延伸与拓展的空间。把知识讲正确、讲完整，仅仅是新教师课堂教学的底线，而有一定教学经验的教师，在备课时会设计教学过程中的适度延伸和结尾时的自然延伸或拓展的环节。

设计时应从如下几方面考虑：一是以本堂课的知识为基础，在学生"最近发展区"内，提出一些挑战性问题让学生思考；二是为本学科拓展性或探究性学习，提供一些思考题或案例；三是为了下一节课的讲授提供知识准备或思维方向，也可以作一些延伸和拓展。

二、寻方法、手段

寻方法和手段，并非纯指施教的方法问题，主要是指指导学生认识、识记以及各种思维训练与发展的方法。也就是说，这里的方法已上升为"策略"的高度，它比教学方法要宽广，层次也更高。

方法为策略服务，方法之外加上媒体、教学形式与结构等才能形成策略。而寻找为教学目标与内容服务的教学手段，主要指板书、教具学具设计与制作等。

三、寻讲练结合点

教师的教学是有目标指向的，是以完成教学任务为宗旨的，因此，随堂的巩固与熟练至关重要。"寻讲练结合点"主要指教师的陈述、讲解之后或之间的学生训练活动，这种训练目前更强调师生双向互动性，强调过程生动性、贴切性，强调师生情感的投入和内在的变化。备课在备教材、备学生的同时，还要备"讲与练的结合"。教师承担着教学任务，要经得起学生学业状况的检查，因此，对随堂的听、说、读、写、计算与具体操的"练"，都必须精心设计。如语文课朗读与语感的随堂训练；小学语文教学中的听一听、说一说；读一读，画一画，写一写的过程教学；数学课的随堂阶段性答题、解题训练；理化课的实验操作训练等，都要求教师精心设计。

把教师讲解和学生互动式练习融入教学过程的设计之中，形成"教"与"学"的同向并进，是许多教有成效教师的明智选择。因为这样做这既能体现新课改理念，又能让教师在"过程性"操作中体现自己的个性。

上海杨浦区教师进修学院特级教师储竞在《基于课程标准的小学语文教学初阶》一书中，为中高年级语文教学设计的教学过程是：

（1）导入新课，出示课题，理解课题

（2）预习反馈，学习字词，梳理全文

（3）初读课文，了解大意，质疑问难

（4）细读课文，内容探究，理解主旨

(5) 精读课文,形式探究,学习表达

(6) 总结谈话,布置作业,拓展学习

当然,这些程序可根据实际情况作增减,步骤顺序也可调整。以上过程设计比较符合现代教学理念,体现教与学的协同与兼顾,体现讲、练、探究的结合。

中小学理科的"讲练结合"在课堂教学中是经常进行,备课时应把握以下几点:一是要为巩固新知识设计阶梯式习题;二是要有新、旧知识相互衔接的"过渡"型的习题;三是难度要适中,要有兼顾不同层次学生的习题;四是要拓展练习题思路,形式活泼,注意与学生生活相结合。

⚡ 启迪点

1. 一堂几十分钟的课,不可能也不应该像行云流水般不间断地进行,知识从认识到形成,从思维的激活到知识建构都有"节点"和"教与学的衔接点",因而需要"三寻","寻"就是备课流程中的一种发现,是生成。

2. 寻找"切入点—启动点—呈示点—沟通点—延伸点—拓展点",也可以理解为体现自己走向成熟教学的一种安排,无论是显性还是隐性的,都是"教"为"学"服务的教学宗旨使然。

⚙ 反思点

教师教得精彩,不见得学生学得精彩。也许"三寻"备课策略可以成为走向成熟的青年教师在进行备课自查与反思时,对教学过程设计作检测的标志。

第三节 "三化"策略——备课的深层次策略

⊙ 学习点

1. 知道备课是一种对课程的"二次开发",是从知识世界走向教与学的现实世界的过程性和理智性开发。

2. 明白"追问"也是一种探究,是一种构思性方向导引后的行为跟进;知道策略中的"知识结构化—知识与思维一体化—知识学习一体化"的意图、内容与做法。

如果说专家编写教材主要是对课程与学科建设的开发,那么教师的备课就是在此基础上的"走进课堂",是对"执行学科施教"的二次开发。教师借助教与学理论,谋划备课进程,再结合自己的教学经验,便可形成自己个性化备课策略。在此,介绍一种和当代教育与学习理论较为匹配的"三化"策略,它可以成为骨干教师基于备课的专业成长的阶梯。

"三化"策略是骨干教师或学科带头人所应具备的。"三化"指教师在备课时,必须注重策略性的方法设计,对自己提出如下三个问题:

一问:是否已将课文知识作了结构化整理?

二问:是否将本学科的知识学习与思维发展作了一体化处理?

三问:是否将本学科的知识学习作了问题化处理?

不少教师教学时过分注重知识的结论,其实知识既是认识的结果,更是认识的过程和认识的方法。否则学生学习时会觉得知识的产生是一种不可思议的事情。

一、知识的结构化整理

1. 建立章节之间的知识环节链接体系

首先,教师要把本堂课的知识点放到整本教材甚至本年段的整个知识体系中来备课,以便建立知识的环节链接,从而便于学生很好地进行知识建构。这样做,教师一方面可以从高处审视知识体系,进行知识二度重组开发,另一方面也可使自己在下一阶段教学时,能更好地驾驭教材,提高知识教学质量。

其次,在设计课堂教学活动的内容、方法和过程时,要呈示出有结构特点的知识体系。课堂教学不是按时间的延续而呈现的单线的信息传输,不是简单的认知性活动,而是呈现立体的、结构状的知识体系与活跃的思维活动的组合。它要求教师所教的知识是系统的、成体系的。

2. 构建知识形成的纵横体系

认知教育心理学家奥苏贝尔认为,学生学习的实质是意义学习,即符号所代表的新观念与学生认知结构中已有的适当观念建立联系的过程。也就是说学生的新知识必须经过加工编码过程,才能构成新的认知结构。这就要求教师在学科知识的教学时,要努力构建知识的生成、过程体系、纵横网络的体系。

其浅层的含义就是要整理知识,使知识结构化。学生掌握了结构,就具备了解决不熟悉领域新问题的工具,从而使思维方式产生变化。这也是教学"三维目标"中"过程与方式"的策略化和操作化。

整理知识体系是指将各个知识点之间的相互关系建立为一种结构性网络。以下分别是小学自然和初中代数教师与学生共同归纳与整理的知识体系:

实例1：《小学自然》中"电磁现象"这一单元的知识体系，如图所示：

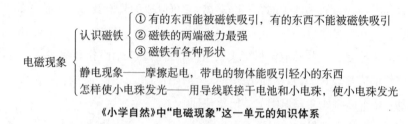

《小学自然》中"电磁现象"这一单元的知识体系

实例2：《初中代数》中"加法的运算律"知识本系，如图4-10所示：①

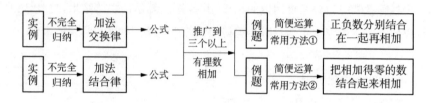

二、对知识学习与思维发展作一体化处理

指备课时，教师不能仅仅单纯地构思如何让学生记住和理解课文的词汇、概念、定义、事实，还要在利用教材内容对学生进行思维训练上下功夫。不少专家认为是否关注学生思维素质的教育，是区分应试教育与素质教育的一条分界线。

教师教知识的同时，要建立"教会思维，为思维而教"的现代教学理念。

学科思维发展教育，可以从以下三个维度展开：

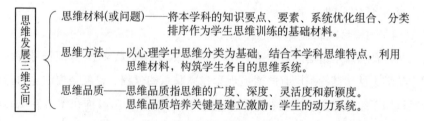

"思维材料"既是知识点又是知识体系（结构式或网络式），既是一种过程又是一种结果，既是点、线、面的又可以是问题式的。

"思维方法"是对思维材料的"处理"与"加工"，要建立在学科特点的思想方法和思

_____

① 徐英俊编著：《教学设计》，教育科学出版社，2001年9月第1版，第91页。

维系统上通过讲解、体验、验证和感悟,从而让学生获得本学科的思维本领。

"思维品质"的四个维度是基于学习的兴趣和动机,需要教师在教学中激励与赏识学生。

例如,数学学科的思想方法主要包括:化归思想方法、数形结合思想方法、类比思想方法、构造思想方法、公理化思想方法、归纳与猜想、函数与方程思想方法等。这些既是方法又是具有数学学科特点的思维活动。教学中当数学概念获得公式确认后,不能简单地把解题作为学习操练的手段,而忽视其背后与其密切相关的思维与数学思想方法。而后者恰恰是数学之精神所在。

物理的"科学思维"(包含模型建构、科学推理、科学论证、质疑创新等要素)和"实验探究"(包括问题、证据、解释、交流等要素)体现物理的学科方法。研究物理思想和方法,让学生感悟到物理思想和方法的价值,有利于培养学生物理学科核心素养的科学品质。

但是,在应试教育的背景下,物理教学常常变成解题能力和应试技巧训练,学生处理物理实际问题时,忽略研究对象,不重视物理情景,不会分析物理过程,只会简单地套用已知的模型解题。

再如,高中英语课程标准也指出:学习英语有助于学生提高思维的逻辑性和缜密性,丰富思维的方式,促进多元思维的发展。在英语教学中有针对性地使用学科思想方法,使学生能够辨别各种信息所传递的主题和细节,并通过分析、推断,找出其内在的逻辑关系,建构新的概念;使学生能够辨识观点和思想的正确性,提出质疑,并做出客观评价;使学生能够创造性地使用信息,理性地表达自己的观点和思想;使学生逐步形成用英语进行思维的习惯,增强思维的逻辑性、批判性和创新性。

把知识与思维作一体化处理,需要在渐进中的深化学习,需要教师的高立意与前瞻性思考。教师在备课中,在处理教材、讲究教学艺术时,首先要活跃自己的思维活动,尤其熟悉本学科的思维特点,善于应用这些思维去建构本学科的知识,在教师教学中,在学生思维素质培养时,要起导向、推进与诱导作用。

三、对学科知识学习作问题化处理

关心未来教育的学者在上世纪80年代初就认为,未来的学习着重于考虑、发掘问题,及时培养问题求解能力。这就是"问题化策略"的指导思想。

问题性是现代学习方式基本特点之一。问题是科学研究的出发点,是开启任何一门科学的钥匙,现代教学论认为,从本质上讲,感知不是学习产生的根本原因(尽管学生学习需要感知),而问题才是产生学习的动力与能源,带着问题才会去深入思考,否则学习只能是肤浅的。有问题、有疑问即有动力,有质疑便会生成问题。

1. 知识学习问题化的基本策略

我们先就浅层次的课堂问题化策略作一翻探讨。首先,在设计教学的过程中,教师要将知识问题化、话题化,"问题"是教师设计的、提出的,"话题"是师生双方的议题。后者更体现教与学的平等。"话题"必须是符合课程标准和大纲要求的支撑性问题,还应当是当今社会与学生都关注的热点问题(符合近体性原则),此外,它还是一份师生交谈性材料。

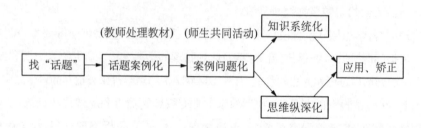

其次,仅有"话题"和"案例",并不能营造课堂教学的"问题情境"(思维情境),所以我们还要用话题、案例介入上述的思维活动。课堂上教师创设情境时或讲述事例、案例时,为集中学生的思考方向,需要进行"情境问题化"和"案例问题化"的引导,提出有关"是什么"、"为什么"、"注意到什么"、"发现了什么"等问题,这样就会让学生进入"知识链接"或"思维深化"状态,进而巩固或拓展知识。"话题案例化"和"案例问题化"这两种"导入式"或叫"切入式"教法,被许多教师似乎有意或潜意识地应用着,只是缺乏对其的精心研究。数学老师讲"勾股定理"、物理老师讲"浮力"、地理老师讲"洋流"、历史老师讲史料"典故"等等,都不是仅仅为激活学生兴趣,更想以案例与故事,进行导学和激思,体现本堂课的"过程与方法"中的目标。

上海市二师附小汤静怡老师在小学语文第八册《晏子使楚》教学中设计了问题式探究环节:

(一)进城门

1. 指名读第 3 节,请学生找出楚王侮辱晏子的句子。

2. 指名交流。

3. 看图理解关键词"狗洞",并思考:楚王为什么要这样做?

4. 指名读晏子的话,边听边思考:晏子的话有几层意思?

5. 指名交流:(1)这是狗洞。(2)访问狗国才得钻狗洞。(3)楚国是个什么样的国家。(言下之意是:楚国是狗国还是泱泱大国?)

6. 小结：这三句话都是针对楚王开的狗洞来说的。

(二) 见楚王

1. 分角色读读这个故事,边听边想：楚王是怎样当面侮辱晏子的?

2. 交流并齐读楚王说的两句话,读懂其言下之意。(齐国人没有人才了,所以才派晏子这样其貌不扬的人来。)

3. 指名读晏子的话,边听边想：晏子的话说明什么?(1)齐国人多的是。(2)反问句能加强语气,说明当时晏子是怎样有力回击楚王的。

4. 你觉得晏子这位外交官怎么样?

……

这段教学体现语文教学的问与答、读与思、层层探究写作特点的过程。

2. 问题教学法一般步骤与关注点

有教学法研究者认为,问题教学不仅是教师提问题,更要在教师引导下让学生提问题,这样有利于调动学生学习的积极性和主动性。

其基本结构与实施可归纳为四个步骤：

(1) 提出疑问,启发思维。

(2) 边读边议,讨论交流。

(3) 解决疑难。

(4) 练习巩固。

从上述步骤中可以看出,问题教学主要是针对教学重点与难点以及拓展点展开的,不可能也不应该把所有教学内容都问题化,教师的问题化与学生的质疑点显然是可以交叉和融合的。

备课时的设问构思是问题化处理的重要方面,应关注如下几点：

一是问题要明白无误,要让学生理解并明白用何种方式做出回答。

二是问题应发生在"最近发展区"内,而不是引导他们接受现成的答案。

三是不论是话题还是案例都要归结于问题,才能有效找到"切入点"或"启智点",进而融入教学进程中。

四是要留给学生"发问"和"质疑"的时空,有人认为这是"布白"的艺术。巧妙地留给学生空间,让学生继续追问、思考、回味,以此开启学生的想象力。"布白"于导入,可让学生自我创设承上启下的知识链;"布白"于讲授,可给教学留一点"空隙"和"弹性";"布白"于组织教学,可以机动、灵活地处理学生的"生成"。

正如袁振国教授在有关专著中指出的："近年来，美国、英国、日本有不少人提出了'问题解决作为学校教育的中心'这一观点。显然，它已不仅指培养学生的解题能力，而且是一种带有全局性的教学指导思维，有着根本性的创新意义。但人们也渐渐意识到，不能太偏激——问题解决与结构化的知识具有不可忽视的互补关系，知识的应用必须以系统化知识为其坚实的内核。"

上海延吉第二初级中学的王琦老师在《溶液的酸碱性》教学中，根据教学目标设计了知识与思维不同层次的问题链：

教学目标

1. 知识与技能

溶液酸碱性分为中性、酸性和碱性。

学会用酸碱指示剂和 pH 试纸测定溶液酸碱性的方法。

2. 过程与方法

通过溶液酸碱性的实验，学会使用酸碱指示剂测定溶液的酸碱性。

通过酸碱指示剂的发现史，介绍科学家进行科学探究的过程。

3. 情感态度与价值观

通过学习溶液酸碱性和人体健康与生活的关系，感悟化学与社会生活的紧密联系。

教学重点：溶液酸碱性 pH 测定方法。

问题链的设计

知识层次的问题链	思维层次的问题链
问题1：常见的酸碱指示剂有哪些？ 问题2：溶液酸碱性强弱与 pH 的关系是什么？ 问题3：稀释过程中溶液酸碱性有哪些变化？ 问题4：溶液酸碱性在生活中有哪些运用？	问题1：酸碱性指示剂是如何发现的？ 问题2：溶液的酸碱性与物质类别有何关系？ 问题3：采用什么方法可测定不同溶液的酸碱性强弱？ 问题4：pH 与溶液的酸碱性强弱的关系是什么？ 问题5：同种溶液浓度不同，溶液酸碱性会怎样变化？ 问题6：生活中是否也存在类似于酸碱指示剂，遇酸碱性溶液会变化的物质？

这是一种问题中知识与相关思维发展的追问式的教学策略，它有利于知识的巩

固,促进知识迁移和思维的深刻性。

国外有一种 PBI 即基于问题式的学习的理论,是一种新颖的问题化思维加情境式的教学模式。

PBL 是 Problem-Based Learning 的缩写,通常译作"基于问题的学习"、"以问题为本的学习"等。我们认为,PBL 是"把学习置于复杂的、有意义的、真实的问题情境中,通过学生合作解决真实的问题来学习隐含于问题背后的科学知识,形成解决问题的技能,并发展自主学习能力的一种新的教学模式"[①]。

PBL 着眼于学生独立自主的问题式学习,教师通过指导学生获取解决问题的策略,并对学生的思维进行监控和指导。

以下是上海实验学校东校祝俊风老师提供的,由他和另外二位老师共同研究的题为《PBI 教学设计与实施的案例研究——以"噪声的危害与控制"为例》的论文中的 PBI 教学设计框架:

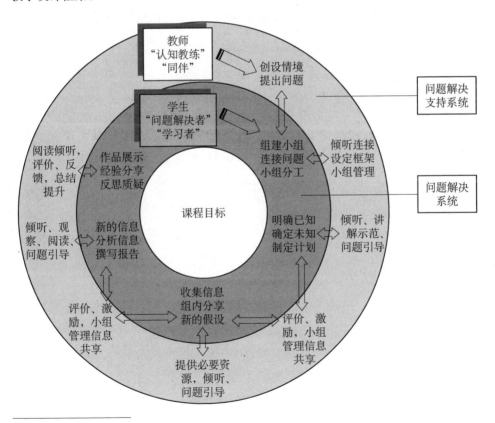

① 张建伟:《基于问题式学习》,《教学研究与实验》2000 年第 3 期,第 55~60 页。

该框架呈现了围绕课程目标的问题解决的支持系统与解决系统中的各学习活动，有角色身份、情境与问题、评价、反馈与总结。

启迪点

1. 学生所学知识其实不仅是一个个知识点，更是一个个大小不等的知识体系，呈现多层次的结构化的特点；知识及其思维一体化表达在书本经验与社会经验之中。因此，备课不仅"备知识"，同时要"备思维"，并作一体化处理。

2. 研究表明：学生的思维是学习的必备要素，没有思维便没有学习。当前基于核心素养的课堂教学研究中，务必铭记：教学的核心是思维。学生没有积极思考和探索活动是很难培养出核心素养的。

3. 备课时对课堂教学作问题化处理，如果仅仅将其降格为"提问设计"，那么就难以升格为备课策略。本节所提供的问题化策略，仅仅是开启通往学科化、问题化策略探索的一扇窗，还需要与本人的新观念接受和思路转向等相结合，才能产生全新的策略化备课效应。

反思点

从"三知"、"三寻"到"三化"的备课策略，是逐步走向深层化的三大备课策略，也许是许多教师在基于备课的专业成长中或多或少所应用的。也许你会从中找到自己的部分"影子"，请反思能否结合上述策略，进一步总结你的备课策略和方法。

综合编

第七章 在"四课"研究中说备课

中小学教师的工作离不开课堂,也就是说教师的成长基于课堂。而基于课堂的教学又以备课、说课、上课、观课、评课等形式呈现,成为所有教师经常性面对的话题和实践活动。

当课改进入到有效教学研究阶段,用核心素养理念去重构课堂时,围绕着这"五课"的研究与实践也将进入崭新的阶段。怎样认识备课与其他"四课"之间的关系,怎样用控制论和系统观对备课作出新的审视显得十分必要。

第一节 备课、说课、观课、评课的内在机理

学习点

1. 知道备课、说课、观课、评课活动的内在关系,充分认识它们之间的区别与联系,尤其要明白因各自特点与功能所产生的内在机理。

2. 知道"四课"的重要意义,理解其对教师专业成长的作用。

备课是教师加强教学预见性和计划性,实现教师主导作用的先决条件。它是教师从事教学活动的第一步,除了集体备课之外,大量的备课时间为教师个人所把握。说课是备课的理性提升的一种延续,把备课时的隐性思维作一次再现。当下说课已成为教师个体与其群体(领导和同行教师)交往的新形式,它带有一定理论化的学术研究色彩。

观课是一种具有现场知觉性的手段,通过现场观察,学校管理者和教师可以了解上课教师教学状况,了解学生学习情况。而观课之后的评课,能帮助教师、指导教师改进教学,提高课堂教学质量。

所谓"机理"即机制,《现代汉语词典》对其的一种解释是:"机体的构造、功能和相互关系。"显然,上述备课、说课、观课、评课,从教学的系列化活动和功能上,都明显存在"有机性"与"关联性"。

一、备课、说课、上课、观课、评课活动的内在关系

1. 备课与说课的关系

备课与说课都是教师上课前的准备工作,是教师教学和专业成长的"基础工程"。

备课是教师认真、刻苦地钻研教材、课程标准或学习教学大纲和了解学生,弄懂弄通教什么,怎样教,怎样指导学生学,并在此基础上发挥个人的创造性,设计出目的明确、方法适当、手段有效的教学方案。而说课是备课的延伸与拓展,是把备课背后的潜性思维显性化,侧重说出教的原理、缘由,对备课作一定的理性解读。

两者的区别在于:一是备课尤其传统的备课其功能指向是上课,说课是面向同行教师,其功能指向是上课技能的理性提升;二是备课在职能上,从构思、资料准备到教案的形成,回答的是怎样教,上课将做什么,怎么做等,而说课则是在备课基础上再上升为理性化认识,口头向同行或教育行政领导介绍自己对有关课的理解、分析和设计,集中回答为什么将这样教、这样做。

从两者的衍生关系上看,没有备课的基础,便难有说课的成功;没有说课的理性梳理,备课与写教案的行为,便会陷入"不知所以然"的窘境;有了备课后的说课,教师的教学行为便会有更坚实的理性支柱。

备课与说课的比较表

比较项目	备课	说课
共同点	课前准备的各种构思活动和预想的授课方案,是教学设计的"施工蓝图"。	
差异点	重过程设计,重操作,回答"教什么"、"怎么教"两大问题。	重理性思考,重整体构思,重在回答"为什么这样教、这样做"。
	以经验为依托,个体化的静态思维。	以理论为指导,个体表达群体合作的动态思维。
拓展途径	① 提高个人智慧备课能力,讲究备课策略。 ② 加强组内合作备课,实现优势互补和资源共享。	① 改革说课评价机制,提高说课质量。 ② 纳入备课、观课、评课系列,开展教学实践研修活动,促进教师专业发展。

2. 备课与上课的关系

特级教师斯霞说:"要上好课,首先要备好课。""只有踏踏实实,认认真真地备好课,才能取得应有的教学效果。"可见,教师要上好课,就必须认真备好课。

备好课是教师教学活动走向良性循环的起步环节。上课是备课后的教学实践延伸,只有精心备课,才可能有精彩的课堂。有效备课,会产生有效教学。从传统备课走向研修型备课,才会有新型的课堂。

其实,影响课堂教学的因素很多,教师要上好课,备课只是基础,是预设,还要有教师上课时现场的组织教学的能力，要有面对学生学习状态生成的灵感和机智等。

3. 说课与上课的关系

说课是对即将进行的课堂中的教与学行为的理性思考，它不仅要解决教什么、怎样教的问题，而且还要说出"为什么这样教"等问题。说课是备课后的提升，自然对上好课有着更高层次的驾驭作用。

说课与上课的对象不同，前者的对象是教育行政领导、教学研究者、教研员和同行，后者的对象是学生。由于对象不同，说课可以不受时间和空间的限制，不受教学进度的制约。上课是教师消化教材、运用教材的过程，以学生的学习效果为评价标准；说课除了运用教材外，还要有相关的教育学心理学的理论、新教学理念的运用，它以教师整体素质为评价标准。

4. 观课与评课的关系

观课是观课者对课堂现场的所有观察活动的总称。评课是评价者在观课后的课堂教学评价。观课需要通过评课或议课才能使观课的延续功能得以实现。加强观课前期培训，进行心理准备、专业职能准备和具体的技术准备，才能产生预期的评议效果。

备课、说课、上课、观课与评课的内在关系可用下列图示作出说明：

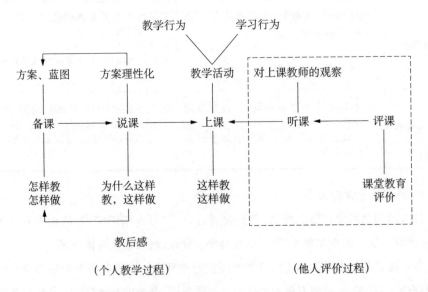

（个人教学过程）　　　　　　　　（他人评价过程）

教师的备课、说课、上课，是从计划到实施、从蓝图到施工的过程，但这个过程若没有评价介入，就不能说是一个完整的系统。钟启泉教授在《教育与评价》专论中指出：

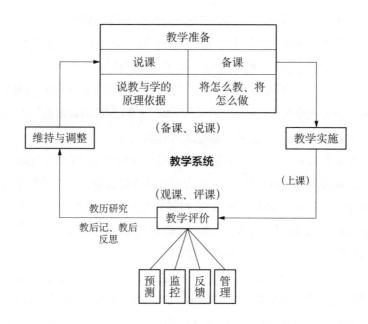

"评价是查明已形成和已组织的学习经验在实际上带来多少预期结果和过程;同时,评价过程总是包括着鉴别计划的长处和短处。这有助于检核已组织和已编制的教学计划的基本假设的效度;同时也检核了特定的手段——也就是教师和用于实施教学计划的其他条件——的有效性。"从某种意义上说,教学评价是教学过程的结束,也是新一轮教学过程的启始。

二、备课、说课、观课、评课研究的意义

1. "四课研究"是校本师资培训的基本途径

英国和美国分别于 20 世纪 80 年代与 90 年代提出"学校本位"师资培训,并建立了相应的培训模式。为适应当前全面实施新课程改革需要以及师资培训的重心下移,校本师资培训已成为当务之急。师资培训中存在的一个突出问题是,教师与学科教学、课堂教学相结合不够紧密,因而许多学校领导都在努力构想,希望以"指导教师自身有关问题研究"作为校本培训的主体。让教师在日常教学中在备课、听课、评课等过程中,较好地做到常抓常新、常教常新,就要坚持开展个体与群体的备课、说课、听课、评课活动。

许多事实也证明教师理论进修、观念更新最终都要归结到教师的教学行为上,因此抓备课、说课、听课和评课是"一线化"的培训,它能较快地产生应激性教学新效果。

2. "四课研究"是教师"以人为本"的专业成长与发展的必由之路

教师专业发展的内涵中有两项重要的专业能力：一是专门学科能力，二是教师的专业能力。前者主要指学科专业素养，后者主要包括教学认知能力、教学操作能力和教学监控能力三方面。而"四课研究"正是教师锤炼这三种能力最好、最实在的载体和手段。

从教师自身的角度出发，历经教学实践锻炼，从自己的"四课研究"的实践入手，开发自己的生命潜能和创造力，也是非常有意义的事。

教师从专家教授的专题讲座、教育行政领导的全新要求、理论专著和有关他人的教育经验中获取营养，最终都要将其演化为自己的教育教学行为。而备课、说课、观课和评课活动是这种教育行为的具体表现。当然，这种教育行为的转化还有一个关键点，即对自己传统理念的反思与否定，然后才能在教学实践活动中克服传统的思维定势，使自己的教育行为真正纳入素质教育的轨道。

不同年龄层次和不同教学经历的教师，尽管各有所长，但在现代教学观指导下，他们的备课、说课、观课和评课都有着相对统一的方向性理念，目标是一致的，只不过不同类型的教师起步点不同、角度不同、要求不同而已。

3. "四课研究"是学校开展教学改革和重构课堂的基础抓手

学校全面推进课程和课堂教学改革，可以从学校发展规划、探索办学模式和营造办学特色等方面做出宏观决策；教学改革可以以课题研究和相应的教学管理为抓手，所有这些都要通过每一个教师在班级里、在课堂中落实；无论是从完成教育任务上、占有教育学生的时间上看，还是从教育的内容上看，课堂教学的主渠道地位已经为人们所共识。

课堂教学是教师教学活动的主阵地，教师观念更新后的教学行为的变革，对自己教学行为反思后的再实践，都要到备课、上课、观课、评课活动中去进行。可见"四课研究"确实是学校开展教学改革和课堂实施素质教育的基本抓手。

4. "四课研究"是区（县）级教研室开展教研活动的重要形式

区（县）级教学研究室具有指导中、小、幼学校教师开展教研工作的业务指导职能，在全面推进素质教育和新课程的背景下，各校的课堂教学改革，既需要区域性整体推进，也需要按学科特点齐头并进；既需要以点带面，用典型引路，也需要教师的群体与个人在教学实践中实施。这样的备课、说课、观课、评课活动仍然是教学研究活动的重要形式。

不少专业研究者指出，区（县）级教研室在业务指导上要牢牢把握素质教育的大方向，传统的"教材教法"只能为应试教育推波助澜。当然备课、说课、观课、评课这些传统的教学活动,从理念、理论、管理与评价上都要注入现代教育思想,只有这样,这些活动才会有新的生命力,新的效果。

启迪点

1. "四课"及其研究,应被看成教师成长的"四维"空间。明确"四课"的功能与作用,并能在教学活动中"运作自如",实在是教师教学的基本功和重要基石。

2. 课堂教学是"四课"中心环节,因为好课始于备课,只有理性备课,才会有高质量说课;有了观课,才能让上课增色添辉;评课,是教学走向良性循环的"助推器"。

反思点

1. "四课"活动如果目标不清晰,作为任务被完成,那么就得对"四课"的各项内容与宗旨进行反思,尤其要对备课的目的、意义和策略作重新审视。

2. 开展"四课"研究时,还得反思一下是否走出了传统教学的定势,是否仍然停留在"教材与教法"探讨的层面上,因为没有现代教学理念指导下的"四课"活动,将是低效的循环。

第二节　在说课活动中深化备课

学习点

知道说课的要素构成,认识并理解说课的意义与作用,尤其要充分认识说课对提升备课理性思维和教学行为的有效性,进而让其成为教师专业成长的阶梯。

"说课"是教学改革中涌现出来的新生事物,是进行教学研究、教学交流与探讨的一种教学研究形式。说课是教师备课基础上的理性思考,它有利于提高教师理论素养和驾驭教材的能力,也有利于提高教师个人在同伴之间的语言表达能力。

说课,从某种意义上说,它是备课的延续与升华,是备课迈向理性化和完整性的一次跨越。因此,借助说课活动去"回望"和"反思"曾经的备课和撰写过的教案,会有一种"柳暗花明又一村"的感觉。

一、认识说课

说课是在教师备课的基础上,授课教师对同行教师或教育行业领导,系统地谈自己的教学设计及其理论依据；然后由听者评说，达到相互交流、共同提高的目的。

说课教师主要说明教什么、怎么教、怎么做、为什么这样教、为什么这样做。说课能集中而简明地反映教师的教育理念、教学技能与教学风格；能较好地反映教师的教学智慧，架构备课、上课与评课之间的有机关系；使教师的教学实践能上升到一定的理性层面，解决教学与研究、实践与理论脱节的矛盾，是一项基于学校、面向教师、服务实践的教学活动。

说课的基本要素构成：

理念——以教学理论为指导，解读教学行为、表达教学行为的理论依据。

主体——教师（包括说者与听者）。

客体——所教的课程与教材。

中介——以语言表达为主，配以文字、图像或实物演示。

形式——个体阐述，群体评析、研讨。

说课形成的背景性要素，一是理论。科学的教育理论即新课改理论以及学科课程标准；二是教案。以教案中的教什么、怎么教为基础，构思"为什么这样教、这样做"，指出理论依据。

狭义的说课是指教师以口头表达的方式，将某节课的教学设计作理性化论述和实践过程的说明。广义的说课包括教案、说稿、口头表达以及听者的评价等。从说课的时间段来看，说课还可以被安排在讲课之后进行，这种说课能够把教师的课后反思、修正也纳入其中。从说课的环境上看，广义的说课，也可集备中的说、说中的评、评中的研、研中的学于一体，成为新教改中集体大备课的一种重要形式。

二、说课，为理性备课打开一扇思维之窗

传统备课在书写教案时仅仅是以构思与预设"如何教"来框定一个基本的格式，而忽视了学生能力培养、情感的提升与教学中的生成：

教学目标——机械地照搬教参中的目标或沿用他人设定的目标，或凭经验设定目标；只书写目标"是什么"，少思考"为什么"。

教学重点与难点——以内容定重点，凭经验定难点，少思考重点、难点的相关性，没有集中思考突出重点、化解难点的有效策略，教案中只要写明重点、难点是什么就可。

教学过程（教学步骤）——以教师为中心，以知识体系为顺序，以传递、习得为基本方法设计教学过程。缺少思维深化、拓展，缺乏师生互动与合作，缺乏知识重构与

生成。

而说课起源于 20 世纪 80 年代的中国,是原创性的教育科研活动——它是教学预案的理性化、是改传统的经验备课为理性备课的一项变革。说课将教学实践中客观存在的某些因素,通过不断探索总结概括出来,成为介于备课与上课之间的一个相对独立的教学活动的阶段与环节。现在说课已深入教师教学活动系列之中,开辟了教学研究的新领域。

教师在备课中,虽然对教材作了一些分析与处理,但这种分析和处理往往是比较肤浅的、感性的。说课是教师写教案基础的再提高,要求教师从新课程理念上审视教材,这就有可能发现备课中的疏漏与不足,进而修改授课方案。从这个意义上说,它能帮助教师更深入地解读教材、研究教材。

另外,说课的准备过程也是优化教学设计的过程。说课的核心要点是"说出为什么这样教",而不仅是教什么,怎么教的问题。这样就迫使教师去学习教学理论,从高位上构思自己的教学设计,从理性上解析将要发生的教学过程。教师为了说课,必须先有教案,再将教案转换成说稿,最后在同伴中进行讲演,这又是提高教师写作能力与语言表达能力的过程。那么,说课后的再备课,将会在一个新的层面上去设计一堂理性指导的课。

三、说课,让备课行为进一步成为教师专业成长的阶梯

新课程背景下教师的专业成长与发展的基本特点是基于教育实践,在实现观念更新的同时,开展丰富多彩的教育实践活动,提供促进教师专业发展的关键事件。相对于教师个人靠长期摸索与积累而成的经验,以说课、评课为重要形式的"经验移植与整合"——研究和借鉴具体而鲜活地存在于身边的他人(专家)——则显得更为便捷。

教师专业发展的标志性基点是教育学科知识、教育技能知识和教育实践知识及不断发展丰富的"如何教"的知识和能力。长期以来,许多教师在进入课堂前仅仅通过备课(从个人备课到群体备课)这一环节,将"施工的操作"作为主题与话题,而很少涉及"理性思考"与"理论依据",教师关注的是彼此之间"狭隘的经验"。当教师的教学实践活动,注入了说理层面——说课、感悟层面——反思、微格层面——案例等活动,就能不断在"深思"与"探究"中,实现观念更新和文化再造,进而形成一种教学研讨的气氛,促进教学与研究结合,理论与实践结合,发挥以"虚"带"实"、以"理"统"行"、共同提高的作用。

新课改背景下,以校本研修活动为重要标志的教师学习文化正在兴起,教师的教

学方式、研究方式以及专业发展方式都在经历着一场深刻的变革。说课作为教师教学研究活动中理性思考与新话语交流的平台，显然是新时期教师学习文化的重要"构件"。

从具体方面说，说课能够展现教师备课中的思维过程；能够展现教师对课程标准、教材、教参的理解把握；能够展现教师对现代教育理论、先进教育经验的理解水平。

说课是学校教师个体与众多听者群体之间，相互学习，相互交流的好形式。通过平等参与，在理性层面和操作层面上教师形成自我培训的机制。青年教师通过说课，加强理性思维，深入剖析教材，构思课堂教学结构，可以迅速提高自己的备课能力。通过老教师的点评，青年教师还可以将上课时可能会造成的失误、偏差消灭在"萌芽"状态。这些作用不是一般性备课思维所具备的，有了说课的理性思考，备课进入全新的领域，基于备课的教师的专业成长也将迈向研究型教师方向。

上海市杨浦明园村幼儿园园长韩文秀，在她的一份关于说课活动的汇报材料中有以下文字：

> 课前说课是教师与教师之间的交流活动，是执教者与其他教研组成员的对话交流，因此，没有课前说课，研课也就无从谈起；有了高质量说课，研课与课堂教学改进，会明显提高。其实，说课也可以在办公室里进行，若干次非正规的交流，看似是零碎的、分散的、随意的，却常常会碰出火花，激发出灵感，为正式说课作必要的铺垫。

有一定的教学经历的教师在备课时，只要用的不是新编的教材，对所教的内容是比较熟悉的，面对教学过程的安排和采取怎样的教学方法则大多凭借自己的经验行事。一位教师或几位教师在共同完成一次彼此都比较熟悉的教学单元的说课任务时，往往又会遇到众多难题，因为他们在面对已完成的教案之后还必须回答与教案内容不一样的问题：

- 所教章节的教学理念是什么？整体教学思路如何？
- 所教教材的地位与作用是什么？如何处理教材，用教材"教"？
- 教学目标从何而来？如何确定？
- 学生的学习起点（包括知识、能力基础、生活经验、心理特点与班级学习氛围）如何分析？怎样以贴近学生主体的理念来构建有效课堂？
- 教学过程有若干环节，各环节设计的意图是什么？

● 我有教学方法吗？主要教法是什么？

以下是本人几年前在华东师大网络学院，为师资培训开设网络课程《说课与评课》时，小学语文老师倪惠良上传的网络作业：

小学语文《田忌赛马》说课中的"说教材"

《田忌赛马》是Ｓ版九年义务教育五年制小学语文第八册第六单元的第一篇阅读课文，是一篇传统的好教材，是一个有趣的历史故事。它以赛马为线索贯穿全文，主要讲了二千多年前战国初期齐国大将田忌和齐威王赛马转败为胜的故事。全文写了两次比赛，涉及了三个人物，脉络清晰，分初赛失败、孙膑献策、再赛获胜这三部分。这个故事启发我们面对强者，要仔细观察、分析，做到知己知彼，合理调配自己的力量，才有可能以弱胜强。

本单元的训练重点是学习将人物对话改成一般叙述，并能根据提纲简要复述课文。从编排的意图看，课文作为第六单元的打头篇，起着举一反三的作用。再从教材本身看，本课有三个特点：一是课题概括了主要事情；二是全文描写生动，叙述清楚，两次比赛层次分明，人物形象鲜明丰满；三是文章结尾言简意赅，耐人寻味。可见，本文在本单元中有着重要的作用。

根据单元训练重点，结合教材特点，按照知识与技能，过程与方法，情感、态度与价值观三个维度，我把教学目标设定为如下：

1. 认知、技能：

（1）学习本课生字新词，重点理解"扫兴"、"垂头丧气"、"胸有成竹"、"得意洋洋"、"夸耀"、"目瞪口呆"、"转败为胜"等词语，学习用"夸耀"、"垂头丧气"造句。

（2）学习简要复述课文，学会简要复述的一般方法。

（3）体会人物对话前提示语的作用，并按提示语读出人物对话的语气。

（4）能分角色有感情地朗读课文，能扮演角色表演课文的内容。

2. 过程与方法：

运用"以读代讲、以练代讲、语思统一"的导学式教学法，让学生通过"读"→"摆"→"思"→"谈"→"演"的方式完成本课学习任务。

3. 情感、态度与价值观：

知道田忌赛马转败为胜的原因，分析孙膑的思维过程，懂得"正确分析双方情况，合理安排力量才有可能以弱胜强的道理"。通过对课文内容的理解，学习认真观察分析的态度和科学的思想方法。

教学的重点、难点是：

（1）训练学生简要复述课文的能力。

（2）理解田忌赛马转败为胜的原因。

倪老师在"说教材"中说了教材内容与结构，分析了教材特点和教学要求，进而列出较详细的教学目标，同时对目标的落实给出对应的教学方法。从中可以看出说课的内容与作用，它将教师的构思从隐性推向显性，将课堂教学的"自我明白"做了公众化表白。这样的说课，显然对备课有显著推动与提升作用。

✐ 启迪点

1. 会上课的教师，不一定都会说好自己的课。这是因为说课的内容与对象改变了，教师会驾驭课堂却难以面对同行的同事。要改变这种现象，有经验的教师会告诉你：一是务必要理清备课的缘由，把教什么说明白，对为什么要这样教，得从理念、教材、学生等方面做深入分析才能说得有条有理；二是梳理好教学过程，总结出基本教法；三是把听众当成学生，放开心情，有理有情去讲述就会有成果。

2. 一位青年教师，参加一次校际说课和公开课活动后，在做自我总结和反思时，她告诉自己的带教师傅说："一次认真而慎重的说课，比写十份平常的教案有更丰富多彩的收益。"

◑ 反思点

1. 用空泛理论来"装饰"说课中的理由、言过其实"标榜"自己的教学方法的有效性、用华美的词藻来增加听众吸收力等等，非但不能促进备课质量的提高，反而会引来众人的非议。

2. 让说课成为自己专业成长的阶梯，只有先认真备课和深度备课，然后才能按说课要求回答教什么，怎么教，为什么这样教的系列问题。只有经历这样的多次磨炼，你才能有效提高课堂教学真功与实效。

第三节 在观课与评课研究中更新备课,促进专业发展

🔵 **学习点**

1. 知道新颖的观课概念,熟悉观课的内容;正确认识评课内容与价值。

2. 认识观课、评课将备课纳入教学活动良性循环的过程,知道重构课堂与观课、评课的关系。

一、认识观课

观课又称听课或课堂观察,因此也可被称为"看课"。观课对学校管理者来说是一种了解现场的重要手段,是了解教师、了解学生、了解教学进度情况最直接、最具体、最有效的方法;观课对教师而言是向同行学习的机会、沟通的机会,也是双方优势互补的机会。

现在基础教育的教师仍然习惯性地将其称为"听课",其实,课堂上发生的教与学的现象,仅用耳朵来聆听是不够的,我们更强调用多种感官去接受与收集信息,去体悟课堂。可见,把听课改为"观课"更为贴切。

1. 观课内容

观课内容包括:观察教学目标实施与教材处理情况;观察教学结构状况;观察教学手段的选择与运用;观察课堂教学状态。

在操作层面上看,观课时主要把握如下两方面:

(1) 观察教师驾驭教材的个性特点,优化教学的综合能力。

(2) 观察学生学习态势。

要在观课中提高效果和效率,观课者需要移位思考,需要"扮演"多样角色:一是要"充当"学生的角色,用学生的思维来观察课堂教学;二是要"扮演"授课教师的身份,思考假如我也教这堂课的话,根据课程标准和相应的教学目标,我将如何教;三是如果你是指导者,还要以"带教老师"、"导教"的身份来观课,为课后评判与指导做准备。

2. 课堂观察

当下,课堂教学研究广为使用的一种研究方法叫"课堂观察"。它是指研究者或观察者带着明确的目的,凭借自身感官以及有关辅助工具,直接或间接从课堂情境中收集资料,并依据资料作相应研究的一种教育科研方法。

课堂观察要比一般性的观课更有目的性、计划性和科学性。课堂观察的意义体现

在：一是能改善学生的课堂学习；二是促进教师专业发展；三是营造学校合作文化的氛围。不过，要开展真正意义上的课堂观察，需要教育、教学研究者对教师进行前期培训，制定计划，指导观察与记录的技能等。但是，只要有目的、有计划进入实施状态后，一定会有不一样的收获。

二、认识评课

评课是用教学理论评价教学实践，用教学目标评价教学过程。在评课活动中主要解决这些问题：这样教好不好？为什么？该怎么教？为什么这样教？共同使授课教师提高理论层次，发扬长处和优势，克服缺点，从而达到提高水平，改进教学的目的。因此，评课既不要"就事论事谈现象"、"谈细小枝节问题"，也不要"脱离实践谈理论"。要善于分析，从现象看本质规律，为授课教师课堂教学导向指航。

评课内容包括如下几方面：教学目标与目标意识；教学程序与主体意识；教学方法与训练意识；情感教育与训练意识；教学基本功与技能意识；教学效果与效率意识；教学风格与特色意识。

评课方法包括：常规性评课方法（分析性：局部以果追因，整体以果求因；发展性：一分为二，因人而异）、研究性评课法、综合评析法、专题评析法，还有以果追因评析法等。

三、观课，让备课集思广益促进专业发展

教师备课与上课是经常性教学行为，其期望的教学效果可以在教学现场的学生反馈中获得一些验证，还可以在学生作业和下一节的复习巩固阶段进行进一步检验，从而为新一轮备课提供修正的依据。

经常性的有组织的观课活动，可以为授课教师提供更加充分、全面和客观的教学评价。

观察内容相当广泛，由表及里，从表象到内涵、本质、素质都属于观察的内容，因为这些都是影响课堂教学的因素。具体观察内容可分述如下：

● 看教师上课精神是否饱满，教态是否自然、亲切，表情举止是否沉着自然、从容不迫。

● 看教师板书设计是否工整、合理、有序，是否条理清楚，一目了然；教具准备是否充分，演示是否规范、熟练；能否充分利用已有现代化手段来辅助教学。

● 观察执教者在复杂铺垫阶段与引入新课阶段是否有衔接点和快速迁移力，是否

在新旧知识之间架设"认知桥梁",是否在把握新旧知识之间进行短距离、紧密型的迁移。

● 观察执教者新课授课设计是否有较大的密度,是否运用较好的教法,在最佳时域内突破重点,化解难点,同时要让学生有充分的参与教学活动的机会,即让学生有观察、动手、交流、思考、表现的时机,成为学习的主人。

● 观察执教者在巩固阶段是否注意到"多层次"、"多角度"构思巩固练习的各种活动,以体现随堂因材施教的原则。

● 观察执教者知识点、能力点和教育点是否准确、系统、全面,教学各环节是否恰如其分,丝丝入扣。

● 观察学生课堂上精神面貌状况如何,课堂气氛是否活跃,学生主动参与程度、注意力集中状态,学生思路是否与教师的思路同向,能否举一反三展开想象翅膀,学生反应能力、理解能力、实际操作能力、创造性思维能力是否得到培养与训练,师生关系是否融洽、配合默契,双向多向反馈是否充分等等。

● 观察教室设备、设施与环境布置等是否有利于形成良好的学习氛围。

观课与课堂观察活动所带给执教者和观课者的收获与效应是丰富多彩的,是一种相互学习共进的过程:

1. 有目的、有计划、有分工流程的观课活动中,执教者和观课者的课前会议、课中的分工观察、课后汇总与交流,使得双方对课堂教学设计与学生学习行为指导,会提升到更有理性思考、更细微的教学效果与效率的评判层面,在观课中发现的"精彩"将获得肯定与发扬,发现的"问题"也将受到充分重视与解决。

2. 观课与课堂观察活动不是为了得出一个结论,而是重视一个过程,在于促进课堂的改变。有些学校坚持多年开展有目的、有计划的观课、评课活动,他们认为这样做有三个方面的效应:

一是学会研究课堂,拓展备课视野。因为以往无主题无范式的教研活动尽管次数多但收获小,有了课堂观察,大家既学会了高屋建瓴地审视教学,又学会了精细地观察课堂,教师个人与群体的备课质量大大提高。

二是学会有效教学设计,重视学法指导。如开展对提问有效性与师生对话的有效性的观察与研究后,教师们大大改进了提问与对话的盲目性和随意性。

三是促进青年教师"成长自我"和"成为自己"。青年教师通过观课,可以逐步建立自己独特的视角,发现真实的学情,发现有效教学的途径;执教者在和同伴交流中也会快速积累成功的备课经验。有过一定成功经验的青年教师也会借助观课活动,走向更加成熟的自我。

四、评课,将备课进一步纳入教学活动的良性循环

把备课仅仅看成课前准备,把教师简单地视为教学的执行者,只是一种教学活动的"线性"思维。新课程改革把教师也看成课程与教材建设者与研究者。因此,教师的备课自然是对课程、教材的"二次开发"。"二次开发"是最直接、最具体的基于现场的专业技能的训练:

一是将教材"改造"成可"输出"、可"接纳"的学习材料。

二是将课程与教材中理想化的教学范式,下移到所教的班级学生,变传授、灌输为主为合作、探究式学习。

三是联系学生生活实际,给学生创设自主支配的时间与空间。

那么,教师怎样知晓自己备课的现场效应? 现场效应需要经历上课的"动态生成"、说课的"理性升华"、观课的"全息透视"以及评课的"评判分析"才能在一个循环的各个节点上获得验证。

评课是在理性和实践性两个层面上,对课堂教学的全面评价和分析,也间接性涉及对教师教学设计思想与实施行为的评析。

(1)评课,从"二维度"检测备课功效

第一维度:当从一种高位理性上进行审视、评课时,评价者会从教育教学的理论层面,以新课程理念尤其从学科特点与学科课程标准的角度审视课堂教学。

这种高层次评课能检测备课的整体构想的正确性和基于本学科的适切性。

第二维度:当评课是针对教学过程作评析时,评价者会对教学阶段和环节的设计及其衔接性,教与学对接是否合理、合适进行效率与效度的评析。

这种过程性评价能检测备课的中的教学方法和教学过程协同性,让执教者进一步明确大至策略,小至具体方法以及阶段与环节安排的科学性和合理性。

(2)评课,从"三维度"检测备课质量

第一维度:评"这样教好不好"。好与不好,不是以评价者自身的认识和经验为标准,而是以新课程理念以及学科化实施中的目标与要求来判定,以施教者自我认定的"教学目标"为依据,以教学现场的教与学的状态、情境和效果为检测内容来评定的。基于"好与不好"的评判可以是总体的、系统的,也可以是局部的,还可以由一个专业研究者统领,由众人共议式表达。

这种鉴别性评价能检测备课总体构思和现场教学效果,检测预设的分目标与实际

实施转换的效果。备课者从中可以实现更客观和全面地认识一堂好课的"愿景"。

第二维度:评"为什么",就是用"以果追因"的思路对执教者的教学作评价。把"因"与"果"联系起来,让执教者明白行为、动机与结果的联系都会产生一体化效应。从中也体现评课是一种激励,可以促进教师发展。这种"追因"式评价需要向执教者说清"为什么",可以在用理论、方法和经验,帮助执教者发现精彩,指出不足的同时,共同分析产生与形成的原因。

评"为什么",对执教者备课的影响具有深究、探源的作用。执教者对其良好的教法和优化的教学效果,有时自己无法说出背后正确理论支撑和潜意识的思维状态,因而需要他人参与启发探究以促进提高。还有一种状况是执教者因认识肤浅、习惯性思维、误解误判或执教时的预设转为行动的能力所限等,而造成不理想的教学效果,更需"高明者"指点或群策群力式的纠正扶持。

第三维度:评"该怎么教",即"该怎么教"的导向式评价。这一维度评析,一般是以师傅带教、专家现场指导和教师群体性合作研修方式进行的。"该怎么教"是思路的修正和方向性导引,评价者会指出原有的教学设计、方法或环节转换等存在什么不足,说清用另一种教法为什么更妥当。

"该怎么教"的评价对备课者能产生提示和引导作用,它对正在专业成长中的青年教师具有现场点拨、修正和导向的实际意义。

教师之间的观课、评课活动,是建立在"民主的、建设性的、对话的伙伴关系的融合的氛围"上的,有了这样的关系,教师的经验可以分享,智慧可以出"彩",教学的个性化艺术也可以被适度传播。

上海许昌路第五小学数学老师沈琪琦,在讲授"统计初步"课程后征求了专家意见并对"统计初步"新课导入做了如下反思:

统计表初步教学的导入阶段,我先安排学生在两分钟预备环节中集体背诵九九乘法表,接着进入统计观念的"预热情境":许五小学"笑笑"运动会二年级最爱项目征集活动。提问学生:你最喜欢"笑笑"运动会4种运动项目中的哪一项? 不能不选,也不可以多选。接着依次分别请三个小组开火车回答,使学生初步感知统计的方法,意图用运动会项目征集来激发学生统计兴趣,从而初试统计。事实上课堂的导入环节一定程度上确实调动了学生的兴趣,课堂气氛活跃,然而从学生的反馈来看,学生仅停留在对学校运动会举办何种项目感兴趣的层面上进行轰轰烈烈的汇报讨论。这样做无意间会冲淡对统计概念的初步认识。

专家在评课中指出了数学中的统计的思想方法很重要，学生第一次涉及有关概率与统计方面的内容，因此在导入环节除了安排激趣式游戏外，更重要的是跟学生介绍什么是"统计"，生活中有哪些"统计"，强调学生生活所见或生活经验中的真实资料，引起学生对于"统计"的重视，然后再学习如何统计。让学生带着学习目标去学习，更具有针对性。根据专家的指导，我进行了反思和整理，对课堂导入环节进行了如下调整：

导入环节直接告诉学生我们这节课要学的内容是统计表，接着提问学生，你知道什么是统计吗，引导学生回忆、思考生活中有哪些情况可能会用到统计，例如：食堂周五要总结出一周小朋友最受欢迎的菜、班干部投票选举、学校微笑教师投票选举等。通过举学生熟悉的生活场景的例子，让学生对于统计有个大致的认识，接着引导学生一起来做一次统计体验，让学生统计出哪个月份班级同学生日最多，由于学生生日月份固定，学生只要说出这个月份即可，而不会像之前执教中纠缠于 4 个运动项目喜欢与不喜欢的选择，把侧重点放在项目的数字统计与归纳上。

专家从一堂课的游戏中发现统计主题教学上的偏差，纠正了小学教学容易出现的一味追求表面热闹的误区，再用说理说服的方法让教师回归学科教学的学科性和思维训练的本原，从而体现评与导相结合的带教过程。

教师专业成长于"观课、评课中"，需要教师共同营造如下氛围：

一是执教者与评价者要正确理解与扮演好各自的角色。观者不是旁观者，应当是课堂教学的主动参与者，需要"上位思考"，也要"移位思考"与"下位思考"。有这样的思维，观课者在倾听、观察、思辨中，才能产生基于课堂现场的专业提升。

二是正确而全面的课堂教学评价观是教师基于评课的专业成长的关键。课程观、教学观和质量观都不同程度地体现在每一堂课的进程中，从"观念"看"行动"，从"行动"中发现其背后的"观念"，能让教师专业素养水准获得较为彻底的提升，从中找出亮点和困惑，有助于教师夯实教学功底，提高专业素养。

三是寻找基于不同研究类型的评课活动的目标指向，才能在不同层面上促进执教者与评价者共同成长。如示范式观课评课，能给处在不同的教师专业成长阶段的教师以启示；互助式观课、评课有利于相互学习，实现优势互补；专题式观课评课能促使教师对具体教学现象做出理性思考，有利于课题研究提升实践性和案例性。

启迪点

1. 观课,对执教者来说是自信的展示;对观摩者来说是学习和赏识。从听课到观课,再到同伴之间议课,是观念更新、程序精细和学习文化培育的过程。

2. 评课是一门学问,评课的"三个维度"体现了评课者的专业技能和水准;教有思、教有成就者的评课,会说得有理有据,导向清晰,对存在的问题也会分析透彻,让人心服口服。

3. 写教案和备课的技能学习,需要观课与评课活动的验证和评估,才能摆脱封闭式备课弊端,进而通过反思,提自我备课能力。

反思点

观课和评课要有高位审视力度,更要换位和移位思考。"换位"是站在执教者的学科与年级"身份"去思考应该怎么教,"移位"是把"我"置换成授课学生,思考学生是否能听懂、会做、学得进。没有置换式思考的观课与评课,将失去观课与评课的初衷。

第八章　从教研备课到研修备课

每个教师都有教研备课的经历,部分学校还积极推进了包括备课在内的教、学、研的教师教学文化活动,从而让教师的备课处于有文化品位的教师自我修炼的氛围中。

我国中小学校教学研究活动的团队组织以备课组和教研组为基本单位,前者由同年级同学科的任课教师组成,定期开展以课堂教学为主要研究对象的实践交流活动;后者是以同学科或相关学科教师组成的学科教学管理组织。

教研组是同学科或相关学科、跨年级的教学组织,它不是学校的行政组织,而是教学研究组织。教研组的任务是:组织教师进行教学研究工作,总结、交流教学经验,提高教师教育思想、业务水平乃至教育质量。

可见,教研组教学活动在教学管理、教学研究和教学实践上比备课组的层次更高。胡惠闵、王建军的《教师专业发展》专著中,对教研组的工作内容作如下概括:一是文化和业务学习;二是教材教法研究与集体备课;三是听评课与举行公开课;四是教学常规管理。

第一节　教研备课

学习点

1. 了解学校教研活动和教师集体备课活动的发展,认识并理解关于教研活动和集体备课的新理念、新特征。

2. 知道集体备课的若干误区和弊端。

教研备课主要指学科备课组和教研组内的集体备课或称团队备课。每一个任课教师在中小学的学校里,都被纳入某个备课组或某个教研组内,经常地进行个人与集体相结合的备课活动。

一、学校传统教研活动分析

目前,学校传统教研活动仍然存在如下两种状况:

1. 领导重视,有规范化基本要求,具有一定的新教育观念,但是,由于考试与升学的压力,往往难以对教学做出实质性变革。学校领导都认为教学是学校的中心工作,必须紧抓不放。为此学校制定了不少备课组和教研组工作职责和规范化要求,如不备课无教案不得进入教室上课,备课组每周至少集体备课一次,教研组每两周活动一次;对备课组和教研组活动及其组长的职责都有条文规定;有的校长还要求备课组和教研组确立相关的课题研究,定期拿出研究成果。

但是对于怎样用全新的教育理念指导和管理教研活动,传统教学观和现代教学观的主要区别是什么,怎样实现教研促教改,怎样做到教研工作重心从研究"教"到研究"学",如何确立基于本校师生现状的有效教学研究等等,仍然需要对其花大力气进行研究和实践。

2. 领导不够重视,虽有一定的规范化要求,学校教导处也有相应的有关教研活动的规定,但因种种原因活动不正常,如教研活动从定期变成不定期,从有计划性到随意性,从定时性到短暂性,专题研究留于空谈,难以推进学科课堂的实质性变革。有教师认为教研活动流于形式,不解决实际问题,还是各自独立备课为好。甚至有的学校在文明单位检查或教育督导检查时,拿不出系统的各学科教研活动状况的原始记录。

除上述两种类型外还有其他种类。有的学校,在抓教研组、备课组建设上有很大的创新,如从抓"教法"研究逐步转为"学法"研究,从"教学研究"活动逐步转为课题研究活动,从少数骨干支撑型转为群体参与型,使学校教学研究活动出现了生机和活力。但总体上说众多学校教研活动仍然以安排观课,统一教学进度,传递市、区教研信息为主要内容,缺乏有计划、有专题和中长期的教研活动计划或规划,缺乏校本教研的主题。

"校本教研"起步于2003年,教育部启动了"以校为本教研制度建设"项目,在全国建立了84个"创建以校为本教研制度建设基地"。因校本教研更关注教师在教学研究的同时,进行自主式专业修炼,促进专业成长,所以又有校本研修之说。

校本研修是基层教师以研究为途径,以修炼进步为目标的解决实际问题的活动,是对学校教育业务工作整体进行反思与改进后的行动。

二、学校教研活动的发展

目前新课程、新课堂已经在各级各类学校全面推进,现代教育观念的更新,要求教师加强教学研究活动,加快课堂教学变革;新课程教材改革,要求教师提高研究意识,切实改变传统的课堂教学模式。

制约教师教学研究活动的原因是多方面的。大多数教师对教学工作的现状并不满意,他们在思想上也懂得搞好素质教育的必要性,但在实际教学中还是自觉或不自觉地把高平均分、高升学率作为自己的教学目标和追求。究其原因,有社会背景、有学校管理取向的原因,也有教师自身原因。如传统观念的制约使教师运用"应试教育"的方法与模式驾轻就熟,于是也仅仅停留在这一层面进行教研活动;又如传统师范教育使教师专业单一化、知识本位化,课堂教学中教师缺乏拓展性知识、发展思维活动的潜能;再如不合理的考试制度、教学管理制度以及评价制度,使教师的教研活动仍然热衷于研究习题与考题的编制,以及以"课本为中心"的教材教法研究。

教育改革是世界性的历史潮流,学校素质教育的全面推进也已成为现实,课堂教学传统的堡垒必将攻破,教师个人与群体的变革势在必行。教师教研活动发展将体现出如下特征:

1. 教师的教研活动将逐步走向"以校为本"、"以人为本"。各区省、市、县都加大了培训任务,学校师资培训将和学校自身发展息息相关,校长成了师资培训的第一责任人。

2. 教研活动不仅仅是教法研究,更有学法的研究。要以促进学生群体与个性发展为教研的出发点与归宿。

3. 教研活动不仅仅表现为教研与科研的有机融合,更是教师自我更新、自我发展、自我完善的必然手段。教研向教师研修文化发展方向迈进。

4. 教研活动不仅仅是教育行政行为,也是教师必不可少的个人的自觉行为。中小学领导在充分认识这种发展趋势之后,势必要有一定的前瞻性思考,做规划,逐步实施与学校自身发展相适应的校本培训;中小学教师也应有紧迫感,在转变观念、确立新教育理念的过程中,将教学研究活动从被动的任务型转为主动的自觉型,变"为教而研"为"为学而研",为教师与学生的共同发展而"研"。

三、教师集体备课的发展

集体备课是教师教学研究和团队合作研讨的基本形式。它要求同学科或相关学科的教师为实现相同的教学目标和完成共同的教学任务,通过集体讨论、共同研究、合作攻关等方法形成、制定出教学预案和共同的教学文本(包括教学设计、总体的教案框架以及与教学相关的学案、学习任务单等)。教师的集体备课一般在同年级同学科的若干个教师之间进行。

1. 促进备课组功能完备的集体备课

备课组的基本职能是:组织教师开展教材教法、教学设计、学生作业练习、学业检测评价研究,着重开展集体备课活动。由于备课组内教师共同承担着同一年级相同的教学任务,教师之间有着共同的交往、协调的需要,因而可以在互通教育资源和信息共享中把握教材、优化教学设计、提高教学效益。

对备课组为团队的集体备课活动,许多学校都有自己的管理办法。比较周密的规划要求是:"三定"、"八备"、"五统一"的原则:

"三定"是指定时间、定内容、定中心发言人。

"八备"是指备教材、备课标、备学情、备教法、备学法、备教学过程、备作业、备检测。

"五统一"是指同一层次班级要统一进度、统一教学目标、统一确认重难点、统一每一节课授课的共性内容、统一教学训练和检测。

有的学校认为有"四定",即增加"定地点"。其实地点的认定可由组长安排,也可由学校安排。而时间上可在固定时间内进行,也可在固定时间外,灵活安排短暂时间,于课后的教室、会议室、工会活动室进行。

集体备课活动是现代教学中不可或缺的重要内容,是教学过程中的重要环节,是促进教师相互合作和专业发展的有效形式。坚持完备的集体备课制度,其意义在于:

一是有利于教师准确把握课程标准、重点难点、学生学情、教学方法。

二是有利于省时、省力,提高教师个体与集体的工作效率。

三是有利于发挥集体智慧,共享优质资源,共同提高教学质量。

四是有利于增进教师之间的相互了解,培植一种基于交流、合作、探究的教师文化氛围。

五是有利于推广学校优秀老师的教学经验,缩短青年教师的成长周期。

2. 集体备课的研究性和实用性

集体备课是群策群力的过程,一要避免走形式主义,二要避免沉浸于制度约束的任务型备课。将集体备课转向团队研究型发展,应从如下几方面入手:

(1)完善备课进程

完善备课进程是指:备课要按基本的集体备课程序进行,开学初要制定集体备课计划,计划中不仅有工作安排,还要有贯彻学校规划和本学期工作计划的对教学改革要求的备课目标;备课活动由备课组长主持,由组长或组内骨干教师轮流主讲,还可以按备课计划中设置的专题作领衔式的发言;组内教师要以主人翁的态度,参加讨论交流,最后由主持人整理形成共同认可的教案框架、教学方法设定以及若干教学建议等。

当集体备课有明确的学习与研究目标,有组长与骨干教师的行为示范以及人人参与思考、相互交流、合作共研时,才会实现有效备课。

（2）走向深度备课

关于集体深度备课，根据先进学校的经验，可从以下几方面努力：备课目标不必仅限于共同认定一个教案文本，可以给予教有所长和教学有特色的教师个性化表达的时间与空间；备课计划中要以解决问题为导向，以组内教师教学中存在的共同问题或大家渴望解决的教与学的难点为备课的研究主题；备课内容要逐步从教材教法研究转向学情分析与学法的研究；在从问题源头寻找、原因探究到解决办法的共同认定的系统思维中进行备课活动。

北京教科院赵艳平老师在《课程与教材》杂志上的撰文《增效减负：新课改以来备课管理创新述评》中归纳出三种集体备课创新模式：

一是循环式备课：以"备精品课，寻求互助"——"分散施案，动态生成"——"集体叙事，提升智慧"为一个动态生成循环。

二是三次备课模式：第一次备课是传统备课，第二次备课是一课时内在一个班级上完课后，对第一次备课进行补充；第三次备课是整一单元内容全部上完后，教师对备课进行总结和反思。

三是"三备一查"活动模式：初次备课给空间（备课每人必须写备课提纲，并提出自己的疑问和设想，以便会诊。集体备课中提供一体化的教学案，讨论充实）；二次备课重学情（教务处定期检查这种"增补式教学案"）；三次备课成资源（备课组内无遮挡听课，反思集体备课的教学设计，修改后形成备课资源库）；检查落实见效能（定期检查，随时抽查，及时反馈）。

以上三种模式是中小学校在课改中实践经验的归纳，它是教师群体合作研究备课、优秀教师领衔备课和程序化管理备课相结合的有效备课经验，值得学习借鉴。

3. 走出集体备课的误区

备课组是教师最基本的教学小团队，是教师个人与团队沟通的组织单元，因此它的生存、成长与发展，在很大程度上影响课堂教学与育人效果。作为备课组主要活动方式的集体备课，需要管理者和教师们共同努力走出误区，才能健康发展。

误区一：流于形式，轻实在内容。以完成规定的"碰头会"为形式，只有合作的"外表"，没有深度的思维"碰撞"，尽管有议论，却没有达成解决问题的共识。这样的集体备课目标不明、过程混乱，效果差。

误区二：误把集体备课理解为分摊备课任务或依赖1—2人的"挑重担"、"一言堂"。具体表现为：组长把教案的某些"构件"分摊给几位教师分别撰文，备课时加以组合，供其他成员抄袭、下载；主持人或中心发言人发言后，其他人随声附和，没有争论和质疑,发言被大家轻易采纳。

以下是某校集体备课走向误区的案例:

> 　　一些备课组将各章节内容平均分配给各位任课教师,由大家分头撰写教案,然后合订起来复印给大家,以这样的个人教案之"和"作为集体备课的成果;也有一些备课组充分利用现代信息技术的优势,分头到各大教育网站搜集下载与教材内容相匹配的教案并合订起来,形成教学资源库;有的备课组虽然也组织研讨活动,但大家都"十分尊重"主备教师,主备教师基本包办了备课组的教案;备课组教师以集体备课形成的"通案"为纲,并遵照执行,但不同风格的教师,面对不同基础的学生,"通用"也导致问题百出。这种方式虽然可以减轻教师的备课量,但这样的集体备课老师们觉得价值不大,只是走过场,应付检查而已。甚至出现了有的老师自己没有很好备课,还怪集体备课的教案没有及时发下来,或者埋怨集体备课的教案质量太差。[①]

误区三:学校管理者过于强调"统一",不重视教师的个性化和独创的教学设计,造成"拿来主义"盛行、能者多劳、大家分享的备课局面,使有个性或很想走出一条颇具特色备课之路的教师的积极性受到抑制,有的教师只能在违背"统一"的环境中,一个人悄悄地进行自我实践。

🖉 启迪点

1. 教研活动与集体备课是学校教师团队活动的两种形式,随着观念更新和教师的文化觉醒,这两项活动都显现了学习的自觉性和智慧共享的互助性、专业成长的迫切性和学校教师发展的协同性。

2. 新时期学校教研与备课的历程是教师团队集体专业成长的过程,这种历程与过程的精彩与否,取决于学校学习文化目标的清晰度和教师团队的合作与奉献精神。

😟 反思点

团队教研形成的共识教案,只是一种总体认识教学基本方略的教案,而各人的教学设计还应有自己的自由度和选择性。若把主备教师提供的教案作为"通用",不加以

---

① 周炳炎:《让集体备课在解惑中不断走向高效》,《中小学校长》,2008年第10期,第44页。

自我适应性修改，必然产生"水土不服"、学生不适应的现象。

第二节　校本研修与备课

学习点

1. 了解校本研修的基本特点和深刻内涵，熟悉校本研修的核心要素即教学反思、同伴互助、专家引领的主要内容。

2. 认识教学反思、同伴互助、专家引领的特点、作用和三要素之间运作机制。

2002 年教育部基础教育司启动了"以校为本研修制度建设"的项目，上海教科院顾泠沅教授把它归纳为"基于学校，缘于实际，专家引领，同伴互助，研修一体"。因而校本研修就成了新课程背景下促进教师专业发展的一个有效抓手。顾泠沅认为：把"校本教研"称为"校本研修"更为合适，因为它既是教师教学方式、研究方式的一场深刻变革，同时也是教师学习方式、历练方式的一场深刻变革。"校本研修"让教师成为教学、研究和团队式进修的真正主人。

一、关于校本研修

近年来，不少教育界学者先后开展关于"校本"的研究，内容包括校本校园文化、校本课程、校本教研和校本研修等方面的研究与实践。按照"校本"理论，"校本"的主要特征是三句话：一是基于学校；二是为了学校；三是在学校中。也就是说，立足于学校，以为了学校和教师的发展为宗旨，植根于学校教学活动并贯彻始终，用"教、研、修"三位一体的运作，在良性循环发展中实现教师的文化再造。

根据上海教科院副院长顾泠沅教授等学者、专家的研究，他们认为校本研修的核心要素（或关键词）是：教学反思、同伴互助、专业引领。也就是说三要素应被看成一个整体结构三个支柱，相辅相成，互为补充，缺一不可。一所学校只有充分发挥教学反思、同伴互助、专业引领的各自作用，并注重在三项活动的运作中的整合和渗透，才能有效实现校本研修实效。

二、让"校本教研"注入新内涵的"校本研修"

在国家课程全面推进的背景下，学校教研工作如何开展，如何建设自适应性的、具有新内涵的研究活动是摆在现代学校面前的紧迫的课题。当今的校本教研应积极应对

课程改革的挑战,让传统的教研转向具有深刻文化意识和教师自主发展相结合的方向发展。其主要特点是:

1. 从技术熟练取向到文化生态取向。

2. 从研究教材教法到全面研究教师、学生行为。

3. 从重在组织活动到重在培育研究状态。

4. 从关注狭隘经验到关注理念更新和文化再造。

以上四点归纳是顾泠沅教授 2005 年 1 月在湖南长沙召开的第二届"创建以校为本教研制度建设基地"项目经验交流与工作研讨会上传达的专家组共识。

上述的四个方面告诉我们学校教研活动的深层意义,指出了教研活动与教师素质的自我锤炼之间的关系。为上好课而研究,很可能会陷入仅仅是"技术熟练"的"工匠型"教师的追求,而把它提升到"文化生态取向"高度来看教研,那么教研就是一种文化活动,它体现于精神上的"用生命点燃生命"的互动是文化层面上的文化传承,尤其是文化素养的提升;体现在教研活动向"学—研—修"一体化转型的教师文化再造。德国教育家第思多惠说:"谁要是自己还没有发展、培养和教育好,他就不能发展、培养和教育别人。"从这个意义上说,校本研修就是现代教师的自我再发展。

上海两次大课改,已经从根本上摆脱了教研只重视教材教法研究的老路,现在全国推进的新课程改革,已经驱使学校教研走向既研究教师自己,也要研究学生的新路。这是还原课堂教学本色的教研。一切教法都要服从于学生的学法,真正好的教法来源于学法。把"研究学生学习"作为日常教研的主旋律是从"教研"走向"研修"的必不可少的研究内容。有人说,当学生的"学"被提高至空前重视的位置时,新课改将实现再次突破。

教研活动不能仅仅被理解成一种"组织行为",一种多样化活动。"研修"倡导一种综合而系统的教师文化的提升:走出封闭式的、狭隘的固化经验的总结,从只关注形式变更式教研向有专家与骨干教师等高一层次人员的协助与带领下的学习型团队教研方向推进。这也是研修所追求的文化诉求。

三、教学反思

"教学反思"是教师个体专业成长的阶梯,是从实践自我走向理性自我的载体,是一种理解与实践之间的对话,也是两者之间的桥梁。

教学反思一般发生在教学实践尤其上课之后,有了教学反思,教师的备课就不会陷入低水平的循环之中;深度的教学反思,能为优化备课和精彩的课堂,创造先决条件。

教学反思，只反思课堂教学行为是不完整的，还需要将自身的备课、教学设计的指导思想和策略结合起来进行反思，只有这样才能使教学反思更加深刻有效。

特级教师于漪老师在她的《藤野先生》"教后记"中曾有如下记述："过去教《藤野先生》，一开始就讲'东京也无非是这样'，总是讲不好，'无非'这个词的意味出不来。这次先引导学生弄清'清国留学生'精神空虚、堕落腐败的情况，回过来再教这一句，'无非'就有着落，学生能比较具体地领会其中包含的厌恶之情。同时，能更顺当地过渡到下文，'东京也无非是这样'，'到别的地方去看看，如何呢'，由中国到东京、由东京到仙台，贯穿了对救国救民真理的寻求，厌倦的心情与追求的愿望跃然纸上。"

从这段"教后感"中可以看出于漪老师对教学的不断反思琢磨和执着追求的敬业精神。

"教学反思"在校本研修中，具有促使执教者再上新台阶和自我醒悟的作用。教学反思是教学实践和教学理性思考的桥梁，它既起着对教学实践的"反审"作用，又有对自我的理性思维的挖掘与升华。就教学反思对备课的意义来说，表现在如下几方面：

一是能从专家评判和同伴的评议中，收获备课的理性构思，从而为"二次备课"与重构课堂打下坚定基础。

二是巩固了现有的教学中成功的教法和过程设计，并能初步领悟其背后的理论依据。

三是把经常性的、有质量的教学反思看成一种行动研究，从中提升基于实践的教育科研能力。

关于教学反思，本书第四章第七节已有较详细论述，在此不再赘述。

四、"同伴互助"与备课

"同伴互助"是指教师开放心态，加强彼此之间的专业切磋，协调合作，相互学习，相互支持，共同成长的过程。

同伴互助的基本形式如下：

1. 对话

这种对话要比传统的备课组、教研组活动中的对话，内容更丰富，形式更多样。

一是信息交流更广泛。教师在校内接受不同层次的培训，参加各种教改的交流会，开展各种主题的读书活动后获得大量新鲜的教育信息，便可以通过对话、文件传阅、资料共享等形式，扩大和丰富自己的信息量和各种认识。

二是由经验分享走向深刻。在定期备课、说课、观课和评课活动中,教师之间的实际经验得到共享,通过自我反思、接纳和改造他人经验,从而使自己走向成熟。

三是教学沙龙开放性交流。许多学校的研修活动采用读书活动、专题研讨、教学反思互动和"一课一得"等形式,开放教师的创见和灵感,从而生成或组合出新见解、新经验。

四是专题讨论提升教学科研水平。专题讨论式对话一般由教学研究的领头人做主旨发言,再由各分课题承担者汇报研究成果或困惑,然后拟定下一步研究方向和任务。

2. 协作

协作,有任务型协作与自愿型协作两种方式,前者由校方指定的名师带教、师徒结对,以及因与学校发展、办学特色相关的研究专题而构成的团队式协作;后者是由个别学有专长、教有特色的骨干教师领衔,召集"志同道合"的志愿者组成的研究团队。这些团队的协作,可以打破备课组和教研组的格局,发挥优秀教师的传、帮、带的作用,从而有效地防止和克服教师各自为政和孤立无助的现象。协作,可以看成为同伴互助学习文化的"黏合剂"和教学友谊的桥梁。

3. 观摩

观摩是教师教学实践活动公开化的一种形式;观摩,还是一种促进教师走出封闭、避免自卑、走向自信的教学活动。

研修活动中的观摩,其形式和内容已走向多样化,包括计划性(定期)和非计划性(外加或自发的)观课活动、优秀教师的教学展示活动、习见教师或适应期教师的教学汇报活动以及基于课题研究的课堂教学推进的观摩等。

观摩活动不能降格为一般的观看、参观,需要从以下方面深入进行:

一是列入计划,认定目标,建立有目标导向的评估标准。

二是根据观摩的目的要求,拟定系统化、周密的观摩过程与方法。

三是需要提供相关观察、观摩的"上位理论"和"指导思想"。例如,对一位优秀教师的教学观摩活动,组织者有必要与优秀教师共同备课,从中提炼其隐性思维的理性认识和教学策略。而青年教师进行教学观摩,事先需要对教学基本功的评价标准进行群体性学习。

4. 帮助

帮助,在"同伴互助"活动中主要指以老帮新,优秀教师帮助教学能力亟待提升的教师。其实这种帮助不是单向的"输出"和"奉献",校本研修的重要理念是真诚合作与平等相待，优秀教师和老教师的教学经验并非完美无缺，要想辐射和传递个体经验的教师，需作充分的总结与提炼，以便将自己的成功经验，梳理成可输出状态的知识和技能；而被帮助的青年教师也有自己的优势（如现代信息技术的知识与能力），也不乏个性化的真知灼见，这些都可作为与资深教师交换的"资本"。

五、专业引领与备课

"专业引领"是校本研修活动中起着"画龙点睛"作用的质态提升的举措。专业引领的力量来自于从事教育学改革研究的专家、学者，来自于资深的专家型教师或区县的学科带头人等。他们通过学术报告、课题指导、现场观摩指导等形式，介入中小学基层学校进行理性提升、策略讲授和教学现场指导、诊断等系列活动，从深度上推进"教、学、研"的进程，从而使研修活动走向成功，获得效益。

1. 专业引领的必要性

许多中小学教师的教育理论素养较薄弱，很多时候长期的教学经历积累的知识和技能，也仅仅是个性化的、经验型和操作性的。这些经验与技能又大多数"生存"于口述阶段或呈现于教学现场，真正能走向隐性经验外显化，将感性体验理性化的为数甚少。

一份教师与课程教材改革的调查表明，老师们选择较多的是"课改专家与经验丰富教师共同指导课堂教学(36.7％)"，"身边经验丰富的教师教法方面指导(35.7％)"；选择很少的是"与同事共同阅读理性材料并相互交流(2.8％)"。从其中不难得出一个结论：教师需要以课例为载体的，结合教育教学实际的专业引领[1]。

2. 专业引领的主要形式

（1）学术性的专题讲座。一所学校或一个学区根据学校教改的方向或办学特色形成与发展的需要，邀请大学、教科研机构以及资深教研员作专题报告，传播和宣传教改中的热点问题，介绍最新教学研究成果，或以学校发展所需的主题做理性分析与实践指导，这对学校教改的整体提升具有引领作用。

现在学校的专题性学术报告，在形式上已更加活泼，如报告人事先提出一些与主题相关的话题，让若干教师结合自己的经验作事先准备，届时做穿插性发言，并与报告人做现场互动。听众也可就感兴趣的问题当场提问，请专家解答。

（2）进入备课、上课的现场咨询与指导。教学研究者可以在早期介入备课活动，

---

[1] 汤立宏著：《校本研修专论》，海洋出版社，2006年11月第一版，第322页。

对研究专题如何进入课堂教学实践做出方向性、策略性指导;有的由教学研究者与学校部分教师共同参与专题性课堂教学研究,这种深层次的"一线指导",可以在备课、观课、评课的系统性活动中显现出深层次的"下水"或专业引领特点。

(3) 研修结合的系列化培训。这是一种总课题与分课题或若干模块推进的系列化培训—指导—实践—反思—提高的,专家与教师群体合作的研修活动。

🗒 启迪点

1. 从校本教研到校本研修,走的是新颖的现代学校教师文化发展之路,"基于学校"、"为了学校"、"在学校中"显示学校独立自强的意识,"专家引领"、"同伴互助"、"研修一体"表达了教师团队整体走向专业共济、合作发展和"教、研、学"一体化专业发展的新态势。校本研修既是一种教学活动的制度,又是一种教师文化的再造。

2. "同伴互助"是平等交流、资源共享、优势互补、协调共进的团队发展过程,其效率与效果很大程度上取决于制度的合理与规范、参与者的合作心态。

🔧 反思点

1. 校本研修仅有制度保证,而没有学习进取和文化再造的氛围,将会使校本研修流于形式,无法获得团队式整体发展。

2. 专家引领中,如果过于倾向"学术性"、"理论性",而缺乏"拿课说事"、"拿事说理",那么校本研修可能会事倍功半。

附　录

小学语文《田忌赛马》教案
执教者：倪惠良

【推荐理由】这是本人曾经在华东师大网络学院开设《说课与评课》网络培训课程时收到的一份小学语文老师的网络作业。倪老师的教案具有鲜明的新课改理念,注重师生互动交流,教法与学法沟通密切,教学过程结构清晰,生动体现了语文的人文性与工具性特点。

● 教学目标：

1. 知识与能力目标：(1)通过熟读课文,学生了解赛马的经过;(2)通过品读感悟,学生学会简要复述课文,将人物对话改成一般叙述;能扮演角色表演课文的内容。

2. 过程和方法目标：运用"以读代讲、以练代讲、语思统一"的导学式教学法,让学生通过"读"→"摆"→"思"→"谈"→"演"的方式完成本课学习任务。

3. 情感、态度、价值观目标：理解田忌赛马转败为胜的原因,分析孙膑的思维过程,懂得"正确分析双方情况,合理安排力量才有可能以弱胜强的道理";学习认真观察分析的态度和科学的思想方法。

● 教学重点与难点：

1. 教学重点：训练学生简要复述课文的能力。

2. 教学难点：理解田忌赛马转败为胜的原因。

● 教具与学具：

1. 磁带：《赛马》曲。

2. 碟片：田忌与齐威王赛马的实况录像。

● 教学过程或步骤：

一、揭示课题,推想内容

1. 今天,老师给同学们带来了一首非常好听的曲子,请同学们边听边闭目想象(播放《赛马》曲)。欣赏了这段曲子,你头脑中出现了怎么样的画面呢?

2. 赛马是古时候人们十分喜爱的一项体育活动。它不仅体现马的实力,还展示人的智慧。今天,让我们走进赛马场去看一看。我们一起来读读课题,猜一猜：这个故事将会讲哪些内容呢？

二、自学课文，整体感知

1. 利用多媒体，放录像，听录音并思考：

① 课文写了一件什么事？

② 田忌和齐威王赛了几次马？结果怎样？

2. 自读课文，交流并板书。

3. 各人按下面的句式，说一说田忌两次赛马的经过。

第_____次赛马的时候，田忌先用_____对齐威王的_____，接着用_____对齐威王的_____，最后用_____对齐威王的_____。由于_____，所以田忌_____。

三、深读课文，探究原因

1. 启发质疑：看了两次赛马，你觉得有什么奇怪的地方吗？

（初赛失败→再赛胜利）

2. 顺势设问：（出示问题1）同样的马，两次比赛的结果为什么不一样？

3. 默读课文，划出表达有关原因的句子。

出示：还是原来的马，只调换了一下出场顺序，就可以转败为胜。齐读这一句。

4. 这个顺序可以随便调吗？

我们来做个实验。请四个小组长拿出信封里的纸，小组讨论一下，假如我们不按孙膑的计策，换一种方法安排出场顺序，结果会怎样呢？用笔在纸上照样子写一写，推算一下。比一比，哪个小组算得快。

5. 学生推算。教师巡视，找出一两张推算结果多的纸。

6. （展示台）展示学生推算结果最多的代表作品。

小结：实验证明，孙膑安排的这个顺序不是乱调的。

7. 玩纸牌。

现在我们用纸牌比大小，看看孙膑的办法能不能用。出示两组牌：红心10、8、4，草花9、7、3。上来的同学当然挑红心。同学先出牌，结果老师总以2比1获胜。

小结：由此得出，在战争中或在比赛中，有时能以少胜多，以弱胜强，关键看弱的一方能否掌握主动权。由此看来孙膑真是_____。（用一个词形容一下）

四、学习"孙膑献计"部分

1. 这么好的主意，为什么田忌想不出来，齐威王也想不到，孙膑却想出来了？（出示问题）

2. 孙膑为什么能想出这个好主意？你从中能体会到什么呢？

请大家带着这些问题,按四人小组分角色朗读3—12自然段。可以互相提醒,揣摩人物的语气。

3. 四人小组练读——指名四人读(先说说你给同学出了什么主意)——评价——全班齐读。

4. 为什么孙膑能想出这个好主意呢？在文中找一找有关句子,用笔划出来,想一想。

(出示)①齐威王每个等级的马都比田忌的强。(善于观察)

②"齐威王的马比你的快不了多少呀……"(善于思考)

③齐威王正在得意洋洋地夸耀自己的马。(知己知彼)

五、揣摩人物内心,体悟人物品质

1. 创设情境,体验齐威王内心活动。

(1) 如果你是齐威王,你会这样吗？用这个问题让学生自由发表看法,体会到齐威王的骄傲自满。

(2) 你(齐威王)得意洋洋地夸耀自己的马,是怎样夸耀的？心里是怎样想的？让学生说一说。

2. 用同样的方法,体会孙膑的想法。

孙膑在观察两人赛马时是怎样想的呢？

3. 情境采访,深化重点、中心。

(1) 如果你是孙膑,有记者采访你：你为什么能够使田忌转败为胜？学生先相互交流讨论,再推荐发表看法。

(2) 如果你是齐威王的好朋友,你想对他说什么呢？体会孙膑的足智多谋,学习他认真分析的科学态度。

六、角色表演,领悟课文

下面,我想再请同学们当一当演员,把这个故事的内容演一演,展现当年田忌与齐威王赛马的场面,那一定非常有意思。同学们想尝试尝试吗？那就请大家再读读课文,先4人一组演一演,每组安排一人作赛马解说。

1. 分角色朗读。

2. 推荐几位学生在全班中表演。(每组安排4人；一人饰田忌,一人饰齐威王,一人饰孙膑,一人作赛马解说。)

七、延伸课外,升华情感

1. 我国人民有着无穷无尽的聪明才智,像这类以智取胜的故事还有很多,如司马光砸缸、草船借箭等。课外,请搜集以智取胜的故事读一读,讲一讲。

2. 观看运动会上接力赛跑的场面,按一定顺序将比赛的经过、结果写下来。

● 板书设计:

田忌赛马

第一次　　　　　　　　　第二次

初赛失败　　　孙　　　再赛胜利

田忌　齐威王　膑　　田忌　齐威王

上——上　献　　下——上

中——中　策　　上——中

下——下　　　中——下

(勤观察　善思考　胜不骄　败不馁)

小学语文四年级"鲸"的教学设计

设计者：上海市闵行区教育科学研究所王芳、上海市闵行区华坪小学沈梅

【推荐理由】本书在第四章第四节的"教案格式与类型"中，曾介绍一种《新课堂教学设计表》，为了让读者进一步了解该表设计是如何被使用的，特此介绍一篇小学语文四年级《鲸》的教学设计。该设计将"教材分析"和"学生分析"作为教学目标的依据，把教学过程作表格化表达，将"教学活动"、"学生活动"和"设计意图"置于同一层面并作相互联系的表述，从而生动体现基于教师教学动机下的师生互动式教与学。教学尤其采用"放"与"收"的设计，"放"是问题的启示，"收"是学生反馈，并形成"放"与"收"的层级递进关系。新课堂教学设计表为"预设"与"生成"设计了互动对接模板，值得读者借鉴。

一、教学目标确定的依据

1. 教材分析

教材中的选文不管是记事、写人篇，还是写景状物篇，每一篇都是相对独立、完整的篇目，即使同属说明文体，要找到两篇结构一样的文章也很难。于是，我们从开发教材文本的育人价值出发，对教材进行了重组，把结构类似的文章归并在一起，并从课外补充一些相关文章，按内容的深浅、结构的繁简把它们整理成一个个单元，递进设计教学过程的每个单元的阶段性目标。然后再针对每一单元中的每一篇课文所处的位置、教材实际和学生能力的培养状况，度身定制出切合学生实际的弹性教学目标。《鲸》是一篇常识性的说明文，这类课文与其他类型的课文相比，知识性较强。课文介绍了鲸的形体特点、种类和生活习性等方面的知识。与学生已经学过的《日新月异的电视机》、《智能机器人》等说明文相比，《鲸》一文对鲸是一种"似鱼非鱼"的水中哺乳动物以及其形体大、食量大、肺活量大等特征描写十分突出，在表达上综合地运用了列举数字、比较、举例、打比方等多种说明方法。此外，作者用词准确，描述形象，文字浅显，条理清楚，融知识性趣味性于一体。这些有利于学生运用已有的知识结构和方法结构来理解《鲸》这篇课文，并把握说明文的写作技巧。

2. 学生分析

对于说明文的文体结构特点以及说明方法，学生在《日新月异的电视机》、《智能机器人》等文章学习中已有所了解，在教师的指导下能通过剖析说明方法来感悟文章内容。在学习习惯方面，学生已初步养成独立圈画、批注的学习习惯，小组活动也能在小

组长的带领下较有序地开展。但根据前一阶段经验,学生在阅读说明文时,对文本的理解容易停留在"课文介绍了什么"的层面上,忽视"课文是怎么介绍的",即缺乏对文章表达方法的深层次探究。因而本节课重在让学生运用已有的知识结构和方法结构,自主学习文章内容,探究文章表达方法,并通过对关键词的辨析理解,体会作者用词的准确性,培养学生仔细观察、细致描述事物的意识和分类思考的能力。

　　二、教学的具体目标

　　1. 学生运用已经学过的说明文的学习方法,自主学习文本内容,体会鲸"似鱼非鱼"、形体大、食量大、肺活量大等特点。

　　2. 指导学生辨析、理解关键词,体会文中用词的准确性。

　　3. 学生通过对文章表达方法学习,学会仔细观察、细致描述事物和分类思考。

教学过程设计			
教学环节	教师活动	学生活动	设计意图
一、开放的导入	● 教师提出问题 1. 学生介绍有关鲸的知识。 2. 说明文是怎样来介绍事物的? 教师出示鲸的图片,引入新课。 板书课题《鲸》。 小结并随机板书。	学生回顾: 抓住特点; 分几方面; 运用方法(列数字、举例、比较、打比方……)。	激活学生已有的生活经验和已经学过的说明文的有关知识。
	● 核心问题域的生成与展开 第一放:初读课文,整体感知。 作者是从哪几方面来介绍鲸的?先写了什么?再写了什么?	学生边轻声朗读课文,边做简要批注。	引导学生运用已经学过的说明文学习方法,体会鲸"似鱼非鱼"、形体大、食量大、肺活量大等特点。
二、核心过程推进	第一收: (1) 检测学生学习情况。 (2) 指导学生重点学习鲸的"进化过程"。 小结:世界上所有的动物都会为了生存,为了适应环境而发生一系列的变化,这个漫长的变化过程叫进化过程,我们人类也是由猿进化来的。	学生交流:鲸的体形、进化过程、种类、生活习性(进食、呼吸)。	

教学过程设计			
教学环节	教师活动	学生活动	设计意图
	第二放：研读第一小节，作者是怎样具体介绍鲸的体形的？	学生自读第一小节，做好详细的圈画批注。	
	第二收： (1)点拨指导学生把握鲸"大"的特点。 (2)指导学生朗读第一小节。	学生交流： 在介绍鲸的体形大时，作者用了"比较"的方法，大象和肥猪是我们较熟悉的动物，以象作比较，用鲸的一条舌头和十几头肥猪比较，说明鲸的形体之大。作者还用了举例的方法将我国捕获的一头4万公斤的鲸做了具体描述，也可以看出鲸的形体大。作者通过具体的数据，如十六万公斤、两千公斤、十七米、十几头、四人等说明鲸的形体之大。 (3)有感情地读第一节，体会鲸的体形大。	体会鲸进化过程的漫长。
	第三放：分组学习第四、第五小节。 运用学过的说明文有关知识，学习第四、第五小节，体会作者在描写鲸的"吃食"和"呼吸"时是怎样具体介绍的。	小组学习： 任选一节，在组长带领下分步学习。	(1)运用已有的知识，小组合作学习第四、第五节。 (2)辨析、理解关键词，体会作者用词的准确性。 (3)学生通过对文章表达方法的学习，学会仔细观察、细致描述事物和分类思考。
	第三收第四、第五内容。 (1)交流第四、第五节内容。以小组为单位，小组代表交流学习情况，其他同学补充。 (2)出示换词练习，体会作者用词的准确。须鲸在海洋里游的时候，张着大嘴，把许多小鱼小虾连同海水一起吸进嘴里，然后闭上嘴，把海水从须板中间滤出来，把小鱼小	小组交流： 比较：作者把须鲸和齿鲸吃的食物及怎么吃的作了比较，须鲸主要吃……齿鲸主要吃……列数字：两千公斤、好几十头、三十多吨等(体会食量大、凶猛)。举例来体会齿鲸吃食、凶猛特性。	作者在介绍鲸呼吸时用了比较的方法，把鲸与我们熟悉的牛羊作比较，突出鲸不是鱼而是哺乳动物。 作者把须鲸和齿鲸喷的水柱作比较，让我们更容易辨别须鲸和齿鲸。 用了"打比方"，把鲸喷出的水柱比作花园里的喷泉，好美啊！

教学过程设计			
教学环节	教师活动	学生活动	设计意图
	虾吞进肚子里，一顿就可以吃两千多公斤。 (3) 多媒体演示，了解"须板"的作用。 (4) 播放录像，了解鲸肺活量的大小。 ● 总结提升与内容延伸 (1) 梳理并小结本文的学习方法结构。 今天我们学习了《鲸》这篇说明文，知道作者是分( )几个方面，用( )具体说明了鲸( )的特点。		
三、开放的延伸	(2) 拓展延伸 出示一部分动物图片： 今天我们运用说明文的阅读方法读懂了《鲸》一课，而世界上的动物各具特色，请你选择熟悉、喜爱的动物，抓住某个方面的特点，用上一两个说明方法试着介绍一下。 师生交流，共同评析。	自选熟悉、喜爱的动物练习说话，能用上一、两个说明的方法，先自己说，后同桌交流，按要求写话，个别交流。	由读到说，培养学生抓住动物某方面的特点准确表达的能力。
	(3) 布置作业 第一，运用说明文的阅读方法，阅读《水》和《漂浮的"蘑菇"——水母》。 第二，有兴趣的同学可以根据自己的爱好选择一篇课外的说明文进行阅读，下次带到班中交流。		从课堂学习引向课外，引导学生关注课外阅读。

初中平面几何《平面直角坐标系》教案

执教者：上海辽阳中学　胡洁

【推荐理由】这是一篇初中数学教案，其特点是：目标表达清晰，教案中增加了"教材分析与教学方法"两项，形成基于教材与学情分析的教法；应用电子白板，采用问题呈现逐一深入探究的教法，在训练学生思维的同时兼顾对不同层次学生的学习指导；教学过程中阶段性表达"设计意图"，把"说课"的部分内容引入教案，这样不仅让教者理清自己的隐性思维，而且使教案更具有传播交流的价值。

一、教学目标

1. 在具体情境中理解有序实数对的意义，经历从现实生活中的实例引出和抽象数学概念的过程，体验数学来源于生活及应用于生活的意识。

2. 正确理解平面直角坐标系的有关概念，会自己建立平面直角坐标系。在从数轴到平面直角坐标系的知识发展过程中，感受数学研究的方法和坐标的思想。

3. 会根据点的位置写出点的坐标，理解平面直角坐标系中的点与有序实数对间的一一对应关系。经历运用数学建模和数学符号描述现实世界的过程，体会数形结合的数学思想。

二、教学重点和难点

重点：理解平面直角坐标系的有关概念，确定直角坐标平面内的点的坐标。

难点：理解平面直角坐标系中的点与有序实数对间的一一对应关系。

三、教材分析

七年级第二学期第十五章《平面直角坐标系》中，第一课时《平面直角坐标系》作为"数轴"的进一步发展，实现了认识上从一维空间到二维空间的跨越，构成了更广范围内的数形结合、数形互相转化的理论基础。这是今后学习函数、函数与方程、函数与不等式关系的必要基础。

这一章节的第一课时中，让学生在课堂中经历建立平面直角坐标系的过程是这节课的主线。通过这样一个教法让学生发现问题，提出问题，最后解决问题。借助学生原有的经验，让学生经历整个知识的形成和发生过程，教会学生如何思考问题，提高学生解决问题的能力。

四、教学方法

结合本区地域特色、学生情况，利用电子白板技术创设问题引入，激发学生学习的热情;通过读读议议活动,让学生阅读教材,建立平面直角坐标系,并由学生互相点评;教师给学生讲一些坐标系建立的人文知识以及它对数学发展的重大影响,提高学生的学习兴趣;通过启发式、小组合作讨论等教学方法,让学生尽量处于主动学习的状态中,体现学生是主体的思想。

五、教学过程

1. 创设情境,提出问题(电子白板教学)

师　在六年级学习有理数的时候,我们引入了一个数学工具——数轴。什么是数轴呢?

生　规定了原点、正方向、单位长度的直线叫做数轴。

师　有了数轴,就可以更加直观、更加形象地认识数。比如说,可以把每个实数用数轴上唯一的点来表示,反过来,数轴上的每个点也可以用唯一的实数来表示。这种对应关系在数学上称为什么关系?

生　一一对应的关系。

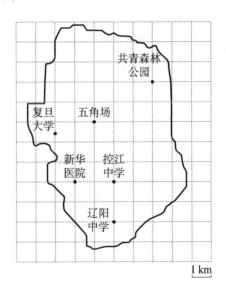

1 km

师　有这样一幅地图,用数轴来看,图中新华医院、控江中学、共青森林公园所对应的点能不能用数来表示? 如果能,它表示的是多少?(单位长度表示1千米)

师　那如果我把原点定在××上,这时,这些点表示多少?

师　我们发现选择的原点不同,也就是参照物不同则这些点所表示的数也不同。那么这些点所表示的数都是相对于谁得到的?

生 原点。

师 现在,有一些点不在这条数轴上,那我还能用这条数轴上的数来表示这些点吗?(用多媒体把隐藏的点一个个显示出来)

生 不能。

师 那么平面上的这些点如何用实数来表示呢? 这节课我们就来想个办法解决这个问题。

设计意图 确定了一堂课的教学目标后,首先要思考的便是怎样切入课题。本堂课,我选用了"区域地图上的点如何用实数来表示"作为切入点和调动学生的积极因素——数轴,使学生发现在一直线上的点可以用一个实数表示,但是平面上的点就不能。从而激发学生学习的兴趣,自然而然地提出了本节课研究的内容。

2. 新授知识,阅读教材

师 我们先从身边的实例——教室座位开始研究。

师 首先我们约定一下:把教室里的座位,竖看作列,横看作排。从教室门口开始,这是第一列,第二列……一共8列。这是第一排,第二排……一共5排。

师 假设,我现在有一个问题想请第8列的一位同学来回答,你们知道我是在指谁吗?

生 不行。

师 光说第8列不行,那还要规定什么?

生 第几排。

师 这位同学位置如何描述?

生 第8列第1排。

师 用一组数对来表示,简记为(8,1),还可以表示为(1,8)。同一个位置,为什么表示的数对不同?

生 因为数对的顺序不同。

师 为了避免出现一个座位对应两个数对的情况,我们不妨约定:表示座位时,先说第几列,再说第几排,也就是先列后排。

师 既然规定了先列后排的顺序。这位同学的位置只能用(8,1)来表示。

师 像这样规定了顺序的数对称为有序数对。(板书——有序数对)有顺序的两个数a和b组成的数对叫做有序数对,记作(a,b)。

师 现在会用有序数对表示座位了吗? 那下面的提问,我们就按照这个先列后排的顺序。我就不叫名字,直接报有序数对,请报到的同学站起来回答问题,行不行? 请同学们先想好自己座位对应哪个数对。先试一下(4,3)的同学在哪里?请站起来。(3,4)的同学在哪里?我们发现,相同的两个数,顺序不同,对应的位置也不一样。

师 通过这个例子我们发现,教室里的每一个座位与一个有序整数对建立了对应关系。

师 在生活中,还有哪些实例是通过有序数对来确定相应位置的?

生 电影院的座位,地图上的经纬度……

师 这样的例子还有很多,通过这些实例,谁能说说看有序数对有什么作用呀?

生 定位的作用。

设计意图 "有序实数对"的提出来源于生活,通过教室座位、电影院座位、地图上的经纬度这些事例,让学生获得这方面的经验,感受数学与生活的联系。

师 刚才我们看到的是一个实例当中的同学的座位和一些有序整数对之间的对应关系。现在,我们把这个教室的平面抽象为一个一般的平面。这个平面和我们教室的平面区别就是它是可以无限延伸的。

比如现在把黑板所在的平面想象成一般的平面,那就是无限延伸的。试想,在这个平面上,我任意取一些点,我要把这些点的位置用有序数对来表示,应该怎么做?

师 你想想看,数轴只能表示一个数,现在有两个数,那用两根数轴行不行?

设计意图 借助学生原有的经验去解决新问题时,学生往往缺乏联系能力,教师应适当引导,启发学生寻找新旧知识的结合点,鼓励学生大胆地尝试,培养学生创造性地去思考问题的能力。

师 教材里有一段描述平面直角坐标系的内容,读读看,什么是平面直角坐标系?(学生读教材内容 P122 最后一段至 P123"操作 1"上面为止。出示课题:平面直角坐标系。)

师 有没有发现,这几段里面主要讲了两件事情。一件是如何建立一个平面直角坐标系,还有一点是在建立了直角坐标系之后,这个平面上的点是怎样用有序数对来表示的。你是不是都看懂了?怎样建立直角坐标系?还有怎样用有序数对来表示平面上的点?

师 请每个同学在学习单上建立一个平面直角坐标系。(投影学习单上画的平面直角坐标系,让学生互评。)坐标系画得好不好?不好在哪里,好在哪里?总结在画平面直角坐标系的时候要注意哪些问题。

师 我们把互相垂直且有公共原点的两条数轴叫做平面直角坐标系。

师 说到平面直角坐标系,就要介绍它的创立者——17 世纪法国杰出的数学家笛卡儿。

设计意图

（1）每个学生的创新思维和能力是与阅读能力息息相关的。因此，通过阅读教材，让学生学习平面直角坐标系的相关内容，是本节课的一个重要环节；（2）学生的能力有别，为了巩固这节课的重点，让学生自己画一个平面直角坐标系，并通过学生互评的方式，把学生在阅读教材中忽略的地方暴露出来，及时更正，强化相关的概念；（3）介绍一些坐标系建立的人文知识以及它对数学发展的重大影响，更加提高了学生的学习兴趣和对数形结合思想的关注。

师 刚才我们一起看了对笛卡儿的介绍。那么他创立的这个平面直角坐标系到底有什么作用呢？请你说说看，在直角坐标系中，如何用有序数对来表示点 A 的位置？你是用什么方法？

生 过点 A 先向 x 轴作垂线，垂足在 x 轴上所对应的数是 -4。

师 这个垂足是不是唯一的？为什么？

生 经过直线外一点做已知直线的垂线有且只有一条，所以这个垂足是唯一确定的，那么垂足所对应的数也是唯一确定的。再向 y 轴作垂线，垂足在 y 轴上所对应的数是 3。

师 有一对数，那么 A 点在平面直角坐标系中的位置就用有序数对 $(-4,3)$ 来表示。我们把 $(-4,3)$ 叫做点 A 的坐标。其中 -4 是横坐标，写在前面，3 是纵坐标，写在后面。

师 为了便于记忆，用一句话来表示点的坐标：先横后纵，逗号隔开，加上括号。

师 既然这样规定了点的坐标，那 B 点的坐标怎么表示？

归纳写点坐标的步骤：（1）向 x 轴作垂线——确定横坐标；（2）向 y 轴作垂线——确定纵坐标；（3）写出坐标。

师 平面上有任意一点 P，它的坐标怎么表示？经过这个 P 点分别向 x 轴、y 轴作垂线，它们的垂足在相应数轴上所表示的数分别是什么？（让学生自己读，3.1，3.2…）那这个点可能是 π 吗？也就是说用肉眼我们是无法准确读出这个点所表示的数值的，它有可能是有理数，也有可能是无理数。但它一定是一个什么数？

生 实数。

师 所以不妨用实数 a 来表示，同样，这个点用 b 来表示。那么这个点 P 的坐标如何表示？记作 (a,b)。那么由实数 a，b 组成的有序数对叫做什么数对？

生 有序实数对。

师　在平面直角坐标系中,我们用刚才的方法,把平面内的点用有序实数对来表示。这些有序实数对是唯一确定的。

师　于是我们得到一条重要的结论:平面内的每一点都有唯一的有序实数对与它对应。

师　现在,反过来,给你一对有序实数对,它所对应的点的位置也是唯一的吗?请你在学习单上,找到$(5,-2)$所表示的点。

追问1:怎么找?

追问2:这样的点是唯一的吗?为什么?

生　两条直线如果相交,只有一个交点。

师　所以,这样的点也是唯一确定的。于是我们得到一条重要的结论:平面内的每一点与有序实数对一一对应。

设计意图　(1)课堂教学要贯彻形成性教学。要把握各部分的知识点从而形成认识,并能用简单明了的语言阐述出来,通过阅读教材,让学生会用坐标来表示平面上的点。在教学中,要引导学生概括写点坐标的步骤。(2)在教学中抓住一切机会培养学生的观察能力。对于数学模型要指导学生观察什么怎么观察,把学生的无意观察引向有目的的观察,引导学生边观察边思考。鼓励学生发表不同的意见,开展讨论,用问题去驱动学生思考为何是用有序实数对来表示平面上的点。(3)数学是讲理性的,要做到算必有据,这是数学的价值。要让学生养成严谨严密的数学精神,就要把书上教过的概念性质用起来,在教学中,设计让学生用学过的几何性质来解决问题,让学生讨论两条直线如果相交,交点有几个?过一点作已知直线的垂线,这样的垂线有几条?有几个垂足?通过讨论,顺着学生的思路,稍加点拨,不仅得到了唯一确定的结果,更让学生体会数学的这种理性精神。

3. 练习评讲,双向反馈

师　回到本节课开始的那个问题:自己设计直角坐标平面,并写出各点的坐标。(每4人一组,合作完成后交流讨论)

师　和他建立的坐标系一样的同学举手,还有不同的方案吗?

师　我们发现,不同的直角坐标系中点的坐标是不同的。那么这些点的坐标都是相对于谁得到的呢?

生　原点。

师　所以,确定了原点的位置,就相当于是确定了平面上所有点的位置。若已建立了平面直角坐标系,辽阳中学的坐标是$(1,-3)$,在图中画出建立的坐标系,同时写出各点的坐标。

师　小组讨论,在充分讨论的基础上可以得到:若表示辽阳中学的点是(1,－3),则原点的位置应该在⋯⋯此时 x 轴,y 轴的位置应该⋯⋯各点的坐标分别是⋯⋯

设计意图　(1)练习以学生的实际水平为基础,设计有合适的坡度的题目,逐步增加创造性因素,经常做这类精心安排的练习,以合适学生提高解决问题的能力。此外,在练习中,教师通过课堂巡视、交流、提问、分析等手段,可随时搜集与评定学生的学习情况,以便及时反馈调节,加强教学的针对性,提高课堂的教学效率。(2)练习要有一定层次,以便因材施教,分层教学。

4. 小结归纳,整理知识

师　通过这节课你学会了什么? 感悟到了什么?

六、教学反思

这节课的具体设计思想,已在"教学过程"中作了说明,下面补充几点:

1. 因材施教,发展个性

由于学生的能力有一定的差异,为了使基础较差的学生"吃得了"、基础较好的学生"吃得饱",教学要贯彻因材施教的原则。为此,在安排教学上要留有余地,使教学有弹性,便于取舍。

2. 要培养学生阅读课本的能力

创新思想和能力的培养是数学教学活动的一个特点,培养提高学生对数学学科的阅读能力,不但可以提高学生成绩,而且对学生的将来的学习、工作、获得新知识、创造发明都会产生积极而深远的影响。

3. 注重数学学科的严谨性

很多学生重视做题,不重视概念的理解。要改变这个缺陷,应该由我们教师在授课时将一些用到的概念、公式和方法在课堂提问、练习中进行复习,温故而知新,这样有利于学生接受新知识,有利于前后知识的练习和沟通,更有利于学生思维的严谨性的培养。

4. 载体简单但思想深刻

在今后的备课中要多设计一些"载体简单但思想深刻"的问题,让学生多经历知识形成和发生的过程,这样学生就会去创造,会去思考问题,这是数学研究的一种思想方法。

高三椭圆定值复习课教学设计

——以一道高考题为例

执教者：上海同济中学　赵海鸣

【推荐理由】这是以一道高考试题作为高三复习课教学内容的教案，如果仅仅教会学生如何解题，那么教学的价值就降格为解题的训练。赵老师采用"抛砖引玉"方式借题拓展思路，以师生共同探究的教法，将数学建模与培育数学思想方法浸入数学复习课，从而让复习课增添了基于核心素养培育的色彩。

一、教学构思

近几年来，椭圆中的定值问题频繁出现在高考试卷中，其中 2015 年上海高考第 21 题不但考查学生对椭圆中的定值问题的掌握程度，还包含了一个丰富的知识背景——"椭圆共轭直径的性质"。本节课旨在通过这道高考题抛砖引玉，让学生在原有解法的基础上，运用"坐标变换"方法发现并证明椭圆共轭直径的性质，帮助学生实现从"解决问题"到"发现问题"的转变。这样不但可以丰富解决问题的方法，也可以激发学生的创造性思维，体现"学习即创造"的创智课堂教学理念。

二、教学目标

1. 知识与技能：

在已经掌握"坐标法"研究椭圆定值问题的基础上，运用"坐标变换"探索发现椭圆定值问题的根源，体会"坐标变换"数学思想的创新性，并借助该方法探究椭圆共轭直径的更多性质。

2. 过程与方法

学生通过对一道高考试题的解析，产生对椭圆定值问题如何产生的疑问，通过运用"坐标变换"将圆的性质类比到椭圆，经历椭圆性质认知上的突破和飞跃。

3. 情感态度价值观

在提出问题、探究问题和解决问题的过程中，锻炼学生数形结合，类比化归的数学思想，使学生在运用新知的过程中，体会知识之间的内在联系，感悟知识的整体性，提高主动探究新知的能力。

三、教学重点和难点

1. 重点：从一个高考中的椭圆定值问题，探究椭圆共轭直径的性质。

2. 难点：运用坐标变换、参数方程法研究椭圆的定值问题。

四、教学过程

环节一：课前预习

引例：已知椭圆 $x^2+2y^2=1$，过原点的两条直线 l_1 和 l_2 分别与椭圆交于点 A、B 和 C、D，记得到的平行四边形 $ACBD$ 的面积为 S。（2015 年上海数学高考 21 理科）

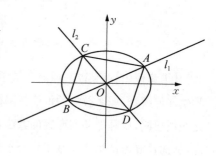

（1）设 $A(x_1, y_1)$，$C(x_2, y_2)$。用 A、C 坐标表示点 C 到直线 l_1 的距离，并证明 $S = 2 \mid x_1 y_2 - x_2 y_1 \mid$。

（2）设 l_1 与 l_2 的斜率之积为 $-\dfrac{1}{2}$，求面积 S 的值。

【导语】该题考查学生对曲线与方程的掌握情况，直线的表示、点到直线的距离公式、椭圆面积定值问题的计算，是高考解析几何的热门考点。

【意图】该高考题的课前预习，巩固了学生解决椭圆定值问题的通解通法，也为接下来点的思考作好了铺垫。

【反馈】学生在预习之后，可以在课堂上对该题给出正确解答，教师可以对学生的解答进行简单的点评后，正式进入环节二。

环节二：拓展延伸

【导语】刚才这个问题虽然被同学们解决了，但是我还是不满意。并不是同学们的解法不好，而是这里的 l_1 与 l_2 是运动的直线，A，B，C，D 也是四个动点，而它们的面积却是一个定值，那么这个问题是怎么设计出来的呢？同学们是否进一步去思考过，这个面积为定值是一个巧合，还是设计者"天才"地看出来了？抑或该题本身就内藏玄机呢？

【意图】这个提问启发了我们的学生，该题的重点不在于计算出最后的面积是定值，而在于出题者如何设计出的这个定值，引导学生去探究数学问题的根源。

【思考1】如果 l_1 与 l_2 的斜率之积为 $-\dfrac{1}{3}$，那么它的面积还会是一个定值吗？

【反馈】学生猜想它的面积不一定是一个定值，导致面积为定值的原因正是 l_1 与 l_2 的斜率之积为 $-\dfrac{1}{2}$。

【思考2】l_1 与 l_2 的斜率之积 $-\dfrac{1}{2}$ 是怎么来的呢？它与椭圆的方程有什么联系吗？

如果椭圆的方程是 $\dfrac{x^2}{a^2}+\dfrac{y^2}{b^2}=1(a>b>0)$，那么 l_1 与 l_2 的斜率之积应该为多少呢?

【反馈】学生对于这个问题困惑很大,无法给出有说服力的答案。

【导语】我们不妨从圆里面寻找一下线索,我们知道,经过圆心的两条直线交圆所得的内接四边形是一个矩形,显然当该矩形的对角线互相垂直时,其面积会取到最大值。设这两条直线的斜率存在且分别为 k_1，k_2，则当 $k_1 \cdot k_2 =-1$ 时,面积有一个最大值 $S=2a^2$。

由于椭圆可以被看作是由圆经过坐标变换得到的,我们不妨构造一个与椭圆 Γ: $\dfrac{x^2}{a^2}+\dfrac{y^2}{b^2}=1(a>b>0)$ 等宽的一个圆 C: $x^2+y^2=a^2$,这样椭圆 Γ 就可以看作是将圆 C 横坐标不变,纵坐标缩小为原来的 $\dfrac{b}{a}$ 得到的。即圆 C: $x^2+y^2=a^2$ 在经过 $\begin{cases} x'=x \\ y'=\dfrac{b}{a} \cdot y \end{cases}$ 变换后得到椭圆 Γ: $\dfrac{x'^2}{a^2}+\dfrac{y'^2}{b^2}=1$,所以我们猜测当椭圆中的两条过原点直线 $k_1' \cdot k_2' = \dfrac{y_1'}{x_1'}\dfrac{y_2'}{x_2'}=\dfrac{b^2}{a^2}\dfrac{y_1y_2}{x_1x_2}=\dfrac{b^2}{a^2}k_1 \cdot k_2 =-\dfrac{b^2}{a^2}$ 时,其平行四边形面积有最大值 $S'=2a^2 \cdot \dfrac{b}{a}=2ab$。

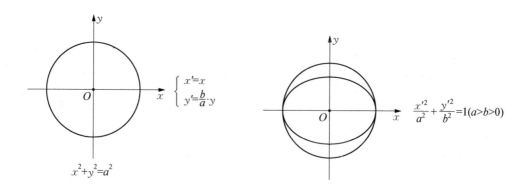

【意图】引导学生运用坐标变换,将圆的一条常见性质类比到椭圆中去,从而猜想椭圆内接平行四边形面积为定值的隐藏条件。

【反馈】学生猜想当 l_1 与 l_2 的斜率之积为 $-\dfrac{b^2}{a^2}$ 时,椭圆的内接平行四边形的面积为定值。并运用坐标变换进行证明。

例1：已知椭圆 $\dfrac{x^2}{a^2}+\dfrac{y^2}{b^2}=1(a>b>0)$，过原点的两条直线 l_1 和 l_2 分别与椭圆交于点 A、B 和 C、D，记得到的平行四边形 $ACBD$ 的面积为 S，设 l_1 与 l_2 的斜率之积为 $-\dfrac{b^2}{a^2}$，求面积 S 的值。（由学生猜想的结论形成的例题）

证明：圆 C：$x^2+y^2=a^2$ 在经过 $\begin{cases} x'=x \\ y'=\dfrac{b}{a}\cdot y \end{cases}$ 变换后得到椭圆 $\varGamma$：$\dfrac{x'^2}{a^2}+\dfrac{y'^2}{b^2}=1$，

因为在椭圆 $\varGamma$ 中 l_1 与 l_2 的斜率之积为 $-\dfrac{b^2}{a^2}$，所以在圆 C 中 l_1 与 l_2 的斜率之积为 -1。

因为在圆 $x^2+y^2=a^2$ 中，$S=2a^2=2\mid x_1y_2-x_2y_1\mid$，

所以在椭圆 $\varGamma$：$\dfrac{x'^2}{a^2}+\dfrac{y'^2}{b^2}=1(a>b>0)$ 中，

$S'=2\mid x_1'y_2'-x_2'y_1'\mid=2\mid x_1\dfrac{b}{a}y_2-x_2\dfrac{b}{a}y_1\mid=\dfrac{2b}{a}\mid x_1y_2-x_2y_1\mid=\dfrac{2b}{a}\cdot S=2ab$。

这也就很好地解释了引例中 l_1 与 l_2 的斜率之积 $-\dfrac{1}{2}$ 时，面积 S 为一个定值。

环节三：探究新知

其实，解析几何中对于椭圆中这两条特殊的直线早就有了定义，下面让我来给大家做一下介绍：

定义1：经过椭圆中心的弦叫做椭圆的直径。

定义2：(1)若椭圆 $\dfrac{x^2}{a^2}+\dfrac{y^2}{b^2}=1(a>b>0)$ 的两条直径的斜率之积为 $-\dfrac{b^2}{a^2}$，则称它们是椭圆的一对共轭直径。(2)当一直径所在的直线的斜率为0，另一直径所在的直线的斜率不存在时，则椭圆的长轴和短轴也可以称为一对共轭直径。

我们刚才所证明的猜想，其实就是椭圆共轭直径的其中一个性质，而它其实还有其他许多性质，我们可以来看一下：

例2：已知椭圆 $\varGamma$：$\dfrac{x^2}{a^2}+\dfrac{y^2}{b^2}=1(a>b>0)$，过原点的两条直线 l_1 和 l_2 分别与椭圆交于点 A、B 和 C、D，且满足 l_1 与 l_2 的斜率之积为 $-\dfrac{b^2}{a^2}$，设 $A(x_1,y_1)$，$C(x_2,y_2)$，则请证明：

(1) $\mid OA\mid^2+\mid OC\mid^2=a^2+b^2$。

（2）设 M 是椭圆 Γ：$\dfrac{x^2}{a^2}+\dfrac{y^2}{b^2}=1(a>b>0)$ 上的一动点，且 $\overrightarrow{OM}=\lambda\overrightarrow{OA}+\mu\overrightarrow{OC}$，则 $\lambda^2+\mu^2=1$。

【导语】该题是椭圆共轭直径的一些其他性质的证明，虽然学生可以用"坐标法"解决问题，但是解题过程是比较繁琐的，同学们可以尝试运用"坐标变换"进行证明。

【意图】在运用"坐标变换"探究椭圆共轭直径的其他相关性质时，感受该方法的便捷性，同时体会圆与椭圆之间的内在联系，提升自我的探究能力。

【反馈】解：（1）通过对圆 C：$x^2+y^2=a^2$ 的分析，显然可以得到 $|OA|^2+|OC|^2=a^2+a^2$，即 $x_1^2+y_1^2=a^2$；设 $\begin{cases}x'=x\\y'=\dfrac{b}{a}\cdot y\end{cases}$，则在椭圆 Γ：$\dfrac{x'^2}{a^2}+\dfrac{y'^2}{b^2}=1(a>b>0)$ 中，

$$|OA'|^2+|OC'|^2=(x_1')^2+(y_1')^2+(x_2')^2+(y_2')^2=x_1^2+\dfrac{b^2}{a^2}y_1^2+x_2^2+\dfrac{b^2}{a^2}y_2^2。$$

因为在圆 C 中，$OA\perp OB$，则 $x_2=-y_1$，$y_2=x_1$，所以

$$|OA'|^2+|OC'|^2=x_1^2+\dfrac{b^2}{a^2}y_1^2+y_1^2+\dfrac{b^2}{a^2}x_1^2=\dfrac{b^2}{a^2}(x_1^2+y_1^2)=a^2+b^2。$$

（2）由于 C：$x^2+y^2=a^2$ 中的 M，A，B 与椭圆 Γ：$\dfrac{x^2}{a^2}+\dfrac{y^2}{b^2}=1(a>b>0)$ 中的 M'，A'，C' 的横坐标是对应相同的，所以 C：$x^2+y^2=a^2$ 中的 $\overrightarrow{OM}=\lambda\overrightarrow{OA}+\mu\overrightarrow{OC}$ 与椭圆 $\dfrac{x'^2}{a^2}+\dfrac{y'^2}{b^2}=1(a>b>0)$ 中 $\overrightarrow{OM'}=\lambda\overrightarrow{OA'}+\mu\overrightarrow{OB'}$ 的 λ' 与 μ' 是相同的，所以我们可以研究 C：$x^2+y^2=a^2$ 中 $\lambda^2+\mu^2$ 的值。由于 M，A，B 是圆 C：$x^2+y^2=a^2$ 上的三点，且 $\overrightarrow{OM}=\lambda\overrightarrow{OA}+\mu\overrightarrow{OC}$，所以 $\overrightarrow{OM}^2=(\lambda\overrightarrow{OA}+\mu\overrightarrow{OB})^2$，化简得：$\lambda^2+\mu^2=1$。因此在椭圆 Γ：$\dfrac{x^2}{a^2}+\dfrac{y^2}{b^2}=1(a>b>0)$ 中，$\lambda^2+\mu^2=1$。

经过例 2 的探究学习，学生感觉"坐标变换"相比于传统的"坐标法"，不但可以高效地探究椭圆中的定值问题，更能将椭圆中的性质与圆的性质联系起来，从而可以从更高的角度探究椭圆中更多的性质。

五、课堂小结

问题（1）：本节由一道高考试题引入，揭示了哪些椭圆的相关定义与相关性质？

问题（2）：本节课学习了一个探讨椭圆定值问题的研究方法——坐标变换法，为什么要学习这个方法？

问题（3）：借助坐标变换这个数学思想，你还能探究哪些椭圆有关的性质？

设计意图：问题(1)是让学生回忆所学的内容，整理本节课所学的知识点，从一道高考题中的椭圆定值问题，引出椭圆共轭直径的定义，椭圆共轭直径的性质。问题(2)的设计是让学生体会坐标变换是探究椭圆性质的方法和策略，是本节课数学思想的精髓。学生只有在学习过程中不断思考，才能切实提高自身的数学思维能力。问题(3)的设计具有开放性，体现个性化，不管学生处于何种水平，都能在认知水平与认知能力上得到不同程度的提高。

六、教后记

从一个高考的热门考点引入，在巩固学生已有知识的同时，通过一个思考题将学生的已有知识进行延伸，为后继的数学思想作好了铺垫。坐标变换作为研究椭圆性质的一个工具，将圆与椭圆进行结合，是一种极富创新的数学思维，对培养学生的数学创造和实践能力有着积极的意义。但是由于该思想观点较高深，所以出现部分学生不适应这种较新的思维模式的情况。如果在高二学习椭圆时，就让学生接触这样的数学模型，那么学生在经过更久的时间磨炼之后，自然就会提升自己的数学观点，到了高三也可以更加从容地对椭圆相关性质展开探究。

小班化教学中一节英语写作课的任务单式的学习

——记新世纪英语 6A"*Getting to know each other*"的一节写作课

执教者上海市黄兴学校　任苹

【推荐理由】小班化课堂,为教学提供了学生自主学习的时间与空间。教师用任务驱动与导学相结合的教学策略,配以游戏、竞赛、合作、交流等学习过程,使英语教学更加生动活泼。这种基于新观念的新教法,值得肯定,但"任务单"中导学、序列、层次等,有待进一步探究。

一、背景

小班化教学是在学生数量为 30 人以下的教学单位中,面向学生个体,围绕学生个体发展而开展的教学活动。由于一个教学班的学生数量较少,教师与学生有更多的时间与空间开展教学活动,这样教师就能运用那些能充分发挥"小班"本质特征的一些教学模式、策略、方法、技术、手段和评价,培养不同层次学生的学习兴趣、学习习惯、学习能力、创新精神和创新能力;充分调动学生学习的积极性,挖掘其内在的潜能,激发其主动探究的欲望;促进每一个学生全面而富有个性的发展。

我在日常教学中进行了些许尝试,希望能够根据初中低年级学生的年龄特点,通过完成一些学习任务,或在游戏,竞赛及真实的情景中完成学习任务,提高教学目标的达成度。我通常在英语写作教学中运用任务型写作教学策略,借学习"任务单"进行任务式教学。"任务单"是教师设计的提供给学生进行自主学习以达成学习目的的一种支架,是具有明确的目的,以学生为主体,供不同能力的学生进行阶梯式学习使用,需要教师的指导和帮助的一种学习方式。在班级中借助任务形成合作与竞争,进行信息交流,让学生之间碰撞出更多的思维的火花,激发学生的写作动机。以下是我一节英语写作课的几个教学片段。

二、案例

（一）任务一

1. 任务内容：引导学生创作含元音音标的短句,进行简单的"写"的练习。

2. 任务缘由：写作是学生英语学习时遇到的一大难点,音标教学又是六年级英语教学的重点,熟悉掌握音标对学生进行英语词汇学习有很大的帮助,是培养学生自主学习能力的必要条件之一。于是在这节写作课中,我结合了六年级上半学期的教学重点——音标教学,指导学生进行单句的写作练习。这样既进行了单句的写作练习,又复习巩固了音标的学习内容,在"写"的同时让学生体会英语的韵律美,而且也激发了学生的写作热情。日积月累,在教师的指导下,学生具备了一些简单的造句的能力,为整个初中阶段的英语写作教学打好基础。

3. 任务目标:

(1) 学生通过阅读,自己创作短句复习元音/e/, /i/。

(2) 学生创作含有 ai 的音标短句,提高写简单句的能力。

4. 过程与情境:

(1) *Let students read some chants written by students.* 我根据六年级英语的教学重点以及学生的年龄特点,结合音标教学,每天选择一个元音对学生进行 *chant* 的写作训练,指导学生模仿,写一些有韵律的、简单的句子,在课堂上让学生展示自己的习作,并让学生跟着节奏朗读一些学生原创的优秀的 *chants*,使同学们纷纷积极参与。

(2) *Ask students to write a chant with...*(当堂创作含元音的音标句。)

(3) *Show the chants to the whole class and ask the whole class to read after the writer.*(请同学展示自己所创作的音标短句,并请同学在创作者后跟读此句,让学生们得到成功的体验。)

5. 任务结果:

经过一段时间的训练后,在学生的习作中,不乏一些有意思的,又朗朗上口的短句。以下是学生原创的一些 *chants*:

Free, free, free, the bee is free.——林捷

Sweet, sweet, sweet, sweets are sweet.——王涣冰

Beach, beach, beach, let's go to the beach.——薛晓宇

Clever, clever, clever, he's very clever.——刘进

Friend, friend, friend, she's my friend.——陈玉莹

Bread, bread, bread, he eats the bread.——金俊杰

…… ……

(二)任务二

1. 任务内容

教师设置情景,引导学生根据校园 BBS 上的一个外国小朋友的寻找笔友的帖子进行互相问答,找出有关这名外国小朋友的重要信息。教师提出写一篇自我介绍作为回帖的写作任务。

2. 任务缘由

对大部分学生来说,他们普遍缺乏"写"的兴趣,如何培养学生的写作热情,提高他们的作文水平,这是我经常思考的问题。我相信"兴趣是最好的老师",于是我思考如何在课堂上设置学生感兴趣的话题和情境,让这个写作任务的主题尽可能真实,贴近学生的生活,让学生喜闻乐见,最终让学生提起写作的兴趣,享受写作的过程。在这节写作课上,为了指导学生带着兴趣和热情写一篇自我介绍,我提前在学校贴吧里以一位澳大利亚学生的名义发了一篇寻找笔友的帖子,以回复他的帖子、向他进行自我介绍并与他交朋友作为写作任务来激发学生的写作兴趣。这样贴近生活的写作任务往往能得到学生的共鸣,学生之间也更加能碰撞出思维的火花。

3. 任务目标

(1) 学生通过提问来得到有关个人信息的答案。

(2) 学生阅读范文(BBS上的帖子),提高找到文章内容的关键信息的能力。

(3) 学生回答问题,提高用完整的句子回答问题的能力。

4. 过程与情境

(1) *Ask questions about the foreign student who wants to find a pen-pal in Huang Xing School's BBS.* 进入学校论坛,找到一封预设的有关一名外国中学生寻找网友的帖子,在读这封信之前,请学生就这位学生的个人信息向老师提问。我把班级分成若干小组进行提问的竞赛,同学们纷纷对他的长相、国籍、性格、年龄、所在的学校、年级等个人信息进行提问。

(2) *Read the post and fill in the blanks.* 当学生们对这位外国中学生满怀疑问时,我出示了他的寻找网友的帖子。接着我指导学生在阅读文章后,填所缺词,完成对这位澳大利亚学生的介绍文章,熟悉文章内容。

(3) *Chat with the student and ask for his personal information.* 在学生们再次阅读完这篇寻友的帖子后,我根据文章提问,让学生用完整的句子进行回答,如:T:*What's the student's name? S:His name is Jack. T:What's his nationality? S:He's from Australia. / He's Australian. T:What's his hobby? S:...* 为接下去的顺利完成写作任务创设台阶。

(4) *Today, you'll write a reply about yourself to the student's post.* 布置本节写作课的任务——写一封回帖来介绍自己。

(5) 任务结果:在对范文进行学习后,学生们了解了自我介绍的内容,并能用完整的句子来介绍一个人。面对学生之间的差异,我在对重点句型反复操练的同时,鼓励学生对他们感兴趣的个人信息问题进行提问,进行语言表达上的扩展。相信接下来他们"写"的任务便会水到渠成。

（三）任务三

1. 任务内容：*Exchange the composition with your partner，find the mistakes and complete the evaluation table.* 与搭档交换习作，找出错误，并完成评价表。

2. 任务缘由

由于小班教学的特点，使在写作教学进行的不同阶段给予不同的反馈和评论成为了可能，而且如今的中学生大多热情、开放，愿意互相交换意见，乐于进行合作学习。因此，同伴评价在写作教学中是可行的。同伴评价即让学生代替教师，以评议的眼光审阅自己及他人的作品。而教师对不同年级，每一节写作课的写作内容的写作评价也有不同侧重和相应的指导。我为六年级上的学生设计了本课的英语写作评价表，在我有意识的指导下，完成生生写作评价。

3. 任务目标

学生根据评价表来评价同伴的作文，以便对这篇文章的重点有更清晰的把握，进而提高合作意识和责任感。

4. 任务过程与情境

（1）*Show the evaluation table to the students before writing.* 教师在学生写作之前出示针对此篇习作的评价表。让学生落笔时心中有重点，尽量少犯错。

（2）*Exchange the students' compositions with each other.* 两两交换作文。

（3）*Underline the mistakes and complete the table.*（*0 - 1 mistakes* ☆☆☆☆☆，*2 - 3 mistakes* ☆☆☆☆，*4 - 6 mistakes* ☆☆☆，*7 or above 7 mistakes* ☆☆）学生根据评价表阅读同伴作文，圈划错误，并进行星级评价。

5. 任务结果

以下是学生的一篇作文及同伴对他的评价。

I am very glad to be your pet-pal.

My name is Wen Xiaotian.

I am a student from Shanghai Huang Xing school.

I am a little fat and short.

I like drawing very much.

My e-mail address is xiaotian@sina.com.

Looking forward to receiving your e-mail.

	Verb (动词)	Spelling (拼写)	Capital and small letters(大小写)	Punctuation (标点符号)	…… (其他)	Marks (得分)
Mistakes	/	/	1	/	/	☆☆☆☆☆

三、教学感悟

我在这节英语写作教学课中运用任务型教学法,以学生为主体,以任务单为依据,根据学习目标并结合教学内容,创造性地设计贴近学生实际的教学活动,吸引和组织他们积极参与,以培养和提高其英语写作能力和创造能力。同时,小班化教学注重信息的沟通与交流,真正体现教学过程的交际性,有利于达到语言教学的最高目标,能最大限度地发挥学生学习的主动性和自觉性,符合"以教师为主导,学生为主体"的教学理念。在这节课中,我主要设计了三个与"写"有关的写作任务。我把教师的"教"转换到学生"学"的角度来设计写作任务,使学生写作活动具有明确的目标,并构成一个有梯度的连续系列。

我主要遵循以下几点要求来进行写作任务的设计:(1)写作任务设计与近期的教学重点相结合,指导学生在扎实的训练中体现创新。(2)写作任务设计与教材相结合,指导学生带着兴趣掌握教材重难点。(3)写作任务设计具有一定的实用性与真实性。(4)任务的设计应由易到难,呈阶梯形。(5)设计写作任务后要及时反馈。学生们通过这一系列"听说读写"的训练,最终完成了"写"的任务,同时也提升了自身的责任感。

四、教学反思

小班化教学使得学生的自主探索有更充分的条件,也使师生之间、生生之间的交流与互动更加充分。相较以往传统的教学,学生们有了更多的机会进行对话、沟通与合作。但是在这节写作课中,还存在着一些不尽如人意的地方,比如任务与任务之间的过渡不够自然连贯;任务要求布置得不够明确等等。这些都对学生完成写作任务造成了一定的影响。学生在交流合作活动中各自的学习目标达成度也各不相同,如何检验和提高学生在小班活动中的即时效果,也是我今后将要思考的问题。我相信经过在小班化教学中的不断实践,我对教学环节进行不断完善,终究能取得更好的教学效果。

中小学生写作指导课的《学案》设计

执教者：方贤忠

【推荐理由】这是本人为某中小学联体学校语文教研组设计的作文导学案的基本模板，该模板设计有如下三个意图：一是不要把作文指导误解为纯技能和纯技巧的培养，指导学生写作要从热爱生活，激活兴趣为出点；二是要用贴近学生学习作文心理感受的语言，多以学生自己的范文为例，以激活学生成就感；三是不要把"学习单"演变为"任务单"，驱使学生被动接受，设计"学习单"要有移位性的、亲切的导语。

一、学案模板的设计

班级类别：_____

学习专题：_____

第　讲：_____

一、导语

_____

二、学习单

……

三、学习内容

　　范例一：

　　范例二：

　　范例三：

　　范例分析：

　　学法指导：

　　练习：

四、学习感言：_____

_____

_____

_____

二、学案模板内容的说明

1. 导语

用亲切和谈话的语气，写几行文字，告诉学生我们将学什么，写什么，练什么，希望学生带着怎样的心态去学习，以提高学生学习自信心等。文字量为3—4行即可。

2. 学习单

用陈述句分1、2、3……的条目写出要完成的学习任务；用通俗而亲近的文字对学习任务作解释与引导，导学语是告知，也是提醒；是指引方向也是纠偏，是生动的随堂或自学的"路径图"和"向导"。要用柔性的语言,从学生的视角对学习要求作说明。

3. 学习内容

(1) 范例:指与培训主题相关的学生作文范例,作文中的片段,名人、作家的文章片段等。

以精彩的、典型性的范例文章为主,也可选学生作文中的"问题作文"的段落。"问题作文"可夹进教师的批语或问题,便于学生学习。

(2) 分析:从完成学习任务的视角,指出上述范例的优点、特点和值得关注的方面。分析语应尽量从学生的知识和情感方面切入,尽量减少说教性话语。

(3) 学法指导:指出上述范文对学生学习相关的写作技能会有什么帮助,学生应当怎么去学,要注意什么,可借助范文再学、再练些什么,如何学习并形成与范文所追求的思路等。

(4) 练习:指为完成学习任务的练习题或写作要求,无论是填充题还是问答题,都应尽量体现学习任务的细化与延伸,并与范文、范例建立适当的联系。

4. 学习感言

一般留2—3行空白即可,希望在授课时作适当指导,写心情、写心态、写体会、写困惑、写建议都可。请重视这些感言,它是你随堂课的应时反馈。

三、关于作文指导的理念性认识

现在中小学校语文教师的作文指导普遍缺少课时,缺乏精细化过程。民办培训机构能从许多方面给予补充和充实,但我们还要看到:

学生作文的提高,并不完全是技能与技巧问题,还涉及学习习惯与心态,涉及兴趣和情感的丰富性。教学生怎么观察事物与人物的同时,你是否也注意到,应该如何引导学生去热爱生活,发现精彩呢? 所以学习单中的文字要体现热情、亲切,体现童心、童趣,让学生悦读、好学、学有"后劲"、学有成就感。

学习单设计所追求的创新和特色,应当在教师们主动认可上述理性认识中逐步呈现出来。

主要参考书目

［1］袁振国.当代教育学(第一版)［M］.北京：教育科学出版社,1998.

［2］张楚廷.教学论概要(第一版)［M］.长沙：湖南教育出版社,1999.

［3］吴文侃.比较教学论(第一版)［M］.北京：人民教育出版社,1996.

［4］赖志奎,方善森.现代教育理论与实践(第一版)［M］.杭州：杭州大学出版社,1996.

［5］施良方,崔允漷.教学理论：课堂教学的原理、策略与研究(第一版)［M］.上海：华东师范大学出版社,1999.

［6］教育部基础教育司.走进新课程(第一版)［M］.北京：北京师范大学出版社,2002.

［7］傅建明.教师专业发展——途径与方法(第一版)［M］.上海：华东师范大学出版社,2007.

［8］方贤忠.如何说课(第一版)［M］.上海：华东师范大学出版社,2008.

［9］方贤忠.教师专业发展的4项基本技能：备课、说课、观课、评课［M］.上海：华东师范大学出版社,2013.

［10］于漪.现代教师学概论(第二版)［M］.上海：上海教育出版社,2001.

［11］连榕.教师专业发展(第一版)［M］.北京：高等教育出版社,2007.

［12］胡惠闵,王建军.教师专业发展(第一版)［M］.上海：华东师范大学出版社,2014.

［13］吴亚萍,王芳.备课的变革(第一版)［M］.北京：教育科学出版社,2007.

［14］赵才欣,韩艳梅.如何备课(第一版)［M］.上海：华东师范大学出版社,2009.

［15］肖川.名师备课经验·数学卷(第一版)［M］.北京：教育科学出版社,2006.

［16］余文森.有效备课·上课·听课·评课(第四版)［M］.福州：福建教育出版社,2012.

［17］徐俊英.教学设计(第一版)［M］.北京：教育科学出版社,2001.

［18］余文森.核心素养导向的课堂教学(第一版)［M］.上海：上海教育出版社,2017.

［19］卢明,崔允漷.教案的革命(第一版)［M］.上海：华东师范大学出版社,2016.

［20］郅庭瑾.为思维而教(第二版)［M］.北京：教育科学出版社,2007.

［21］钟启泉.课堂研究(第一版)［M］.上海：华东师范大学出版社,2016.

［22］汤立宏.校本研修专论(第一版)［M］.北京：海洋出版社,2006.

［23］张丰.校本研修的活动策划与制度建设(第一版)［M］.上海：华东师范大学出版社,2007.

［24］吴非.致青年教师(第一版)［M］.北京：中国人民大学出版社,2016.

［25］钱梦龙.教师的价值(第一版)［M］.上海：华东师范大学出版社,2015.

后 记

　　我的备课研究始于 2000 年，成果曾经被编成区域内的师资培训教材，在教师与中小学干部培训班中使用。由于备课研究的专题十分符合教师成长和发展的需求，十多年来以备课为专题的讲座遍及华东师大、上海师大和许多区县的中小学校。2008 年我根据所承担的华东师大网络学院的师训课程的收获，编著《如何说课》一书，由华东师范大学出版社出版，2013 年又编著《教师专业发展的 4 项基本技能：备课、说课、观课、评课》一书仍由华东师范大学出版社出版。

　　在撰写本书时，我曾走访上海市杨浦区六一小学、许昌路第五小学、辽阳中学、三门中学、同济中学、同济大学第一附属中学和浦东新区的上海实验学校东校等学校，通过现场指导和交流，获得了具体而实在的信息资源，为本书增添"动态生成"的特点。在此，对有关教师的配合与支持表示谢意。

　　本书的撰写更是为了呼应教育部印发的中、小、幼教师专业标准和上海市教委关于进一步规范见习教师培训意见等相关文件精神，因而该书还可在师资培训机构和中小学校本培训中使用。